自己肯定感が一瞬で上がる63の方法

あの人はなぜメンタルが強いのか

中谷彰宏

PHP文庫

JN119830

○本表紙図柄＝ロゼッタ・ストーン（大英博物館蔵）
○本表紙デザイン＋紋章＝上田晃郷

【この本は、3人のために書きました】

① 自己肯定感を上げたい人。

② 他者承認願望を抜け出したい人。

③ 他者否定にくじけない自分になりたい人。

01 他者承認を求めることで、奴隷になる。

「自己肯定感」と言われても、いったい何なのか、よくわかりません。
言葉を定義する時は、反対語を考えることで言葉の定義が決まります。
「自己肯定感」の反対は、「他者承認」です。
情報化社会は、他者承認社会です。
情報化社会になる前は、他者承認をもらおうと思ってももらえませんでした。
会う人が圧倒的に少ないのです。
情報化社会では、大勢の人に「いいね！」をもらえます。

他者承認が手に入りやすい時代になって、すべての基準が他者承認基準になったのです。

ひと昔前は、唯一の基準が偏差値でした。

それすらも「悪」と思われていました。

すべての教育における悪は偏差値で、その前は「受験が悪い」と言われていたのです。

他者承認が出てきてから、「偏差値」という言葉は消えました。

他者承認を求めることとは、結果として、他者の奴隷になることです。

他者にいかに嫌われないかということが、他者承認です。

嫌われない努力は疲れるのです。

「疲れる」→「アイデアが浮かばない」→「人の役に立てない」→「『あいつは使えない』と言われて落ち込む」→「ますます疲れる」→「ますます前向きなアイデアが浮かばない」という負のスパイラルへ入っていきます。

自己肯定感が下がるのは、心が疲労しているからです。

体の疲労と同じように、心も疲労します。

心の疲労をできるだけ省エネして、頭脳や神経労働に使うエネルギーを残して
おくことが大切です。

そのためには、**他者承認に割《さ》いているエネルギーを最小限にします。**

もしくは、ゼロにします。

それだけで自己肯定感が上がっていくのです。

自己肯定感が一瞬で上がる 01

他者承認より、自己肯定感を持とう。

私はこの場に
ふさわしいと
自分で決めた人は…
どうすることで…
もっとふさわしい
自分になっていく

中谷彰宏

あきひろ

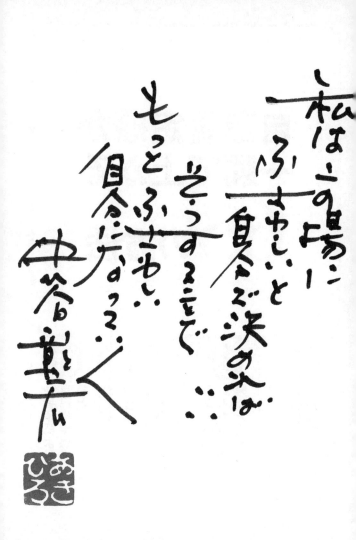

自己肯定感が一瞬で上がる63の方法

01
他者承認より、自己肯定感を持とう。

02
自己満足より、自己肯定感を持とう。

03
不測の事態があるのが、順調と考えよう。

04
普通に、しがみつかない。

05
普通に、
こだわらない。

06
効率を、求めない。

07
「隣の人」より
「なりたい人」を
見よう。

08
「景気のいい話」を
話そう。

09
結果より、
原因をマネよう。

10
決めてもらうより、
自分で決めよう。

11
「違い」を
分析しよう。

12
してもらうことを
当たり前に
思わない。

13
不便を楽しもう。

14
目先の利益に、
とらわれない。

15
敵ではなく、
味方と考えよう。

16
「やがてできる
気がする」と
考えよう。

17
「儲からないこと」をしよう。

18
言いわけを、短くしよう。

19
「継続できるもの」を持とう。

20
学ぶことで、夢と希望を受け取ろう。

21
許せないことを、許そう。

22
矛盾したことをしよう。

23
ライバルを、リスペクトしよう。

24
自分にできることをやり、できないことはしない。

25
状況を、具体的に書こう。

26
「まぁ、いいんじゃないかな」と考えよう。

27
メールを、立て続けに送らない。

28
短所を、隠さない。

29
量より、
質を求めよう。

30
運命の人は、
自分で
勝手に決めよう。

31
目に見えない
応援に気づこう。

32
感謝されなくても、
善行をしよう。

33
信じる一人に、
認めてもらおう。

34
不都合なことを、
受け入れよう。

35
吸収して、
自分ブレンドを
つくろう。

36
意欲と決断に、
エネルギーを
まわそう。

37
「目に飛びこんで
来たもの」に
しよう。

38
「楽しむ」と、
決めよう。

39
他者攻撃より、
他者称賛をしよう。

40
他者否定を
恐れない。

41
「反論」イコール「アイデア協力」と、考えよう。

42
命令ではなく、提案と受けとめる。

43
悔しいポイントを、貯めよう。

44
予定変更しても、「予定どおり」という顔でいよう。

45
動こう。

46
自己評価を優先しよう。

47
感謝されるより、感謝しよう。

48
「しないでください」と言わない。

49
イヤなことは、寝て忘れよう。

50
自分の解釈を、客観的事実と混同しない。

51
受験より、実験しよう。

52
短所を、愛そう。

53
苦手な相手と、戦おう。

54
コツコツ、淡々としよう。

55
ダメだったところより、よかったところを見つけよう。

56
選んだ方を正解にする努力をしよう。

57
何もない時に、ゴキゲンでいよう。

58
0か100かではなく、1を持とう。

59
完璧を求めない。

60
0点で抑えようとするより、「何点まで、大丈夫」と考えよう。

61
攻撃する人には、「あなたも頑張って」とスルーしよう。

62
悔いの残らない諦め方をしよう。

63
「どこか、楽しい場所」を探さない。

自己肯定感が一瞬で上がる63の方法　目次

第1章 自己肯定感は、自分で上げることができる。

第2章

自己肯定感は、一瞬で上がる。

第3章 他者承認願望は、抜け出せる。

第4章

他者否定は、スルーできる。

第5章

自己肯定感は、マイナスからこそ上がる。

第1章

自己肯定感は、自分で上げることができる。

02 自己満足は、「もういい」。自己肯定感は、「もっとよくなる」。

「自己肯定感」と「自己満足」は、どう違うのでしょうか。

「私はできている」までは、自己満足も自己肯定感も同じです。

「私はできている。だからもういい」というのが、自己満足です。

「うぬぼれ」です。

それに対して、「私はできている。でも、もっとできる」というのが、自己肯定感です。

企業研修に行くと、社長と現場はヤル気なのに、中間管理職が「私はできている。だからもういい」と、自己満足していることがあります。

これが組織の中で一番のネックになるのです。

自分という一人の人間の中にも、頑張る経営者、頑張る現場、「もういい」と言う中間管理職がいます。

自分の中の中間管理職は、できるだけ外に出さないことです。

中間管理職は、「私は社歴○○年で肩書は△△なので、もうできています」と言うのです。

今できていることに満足するのは、必要条件です。

十分条件は、「でも、もっとできる」という気持ちです。

習いごとをずっと続けている人は、自己肯定感が上がります。

できていても、「もっと」という気持ちになるからです。

お免状を取ったらやめるという人は、自己満足です。

その人は自己肯定感が上がりません。

茶道や華道のお稽古は、お免状をもらった後も永遠に続きます。

常に「もっと上」があるからです。

クルマの教習所は、免許を取ったら終わりです。

免許を取ってからも行き続けている人はいません。

勉強でも「ここまで来たから、もういい」と満足する人は、習いごとを次から次へと変えていきます。

より深いところまでたどり着けない、自己肯定感の浅さがあるのです。

習いごとも買い物をしているような感覚です。

いわゆる「カルチャーショッピング」です。

まじめな先生は、「ヤル気あるのか。もう二度と教えたくない」と、怒ります。

怒るのも当然です。

1回行って、「だいたいわかりました」と言って、同じ時間帯の別の講座へ行ってしまうのです。

自己肯定感が一瞬で上がる 02

自己満足より、自己肯定感を持とう。

03 不測の事態があるのが、人生と考える。

自己肯定感が下がる原因の1つは、「私は運が悪い。神様に嫌われている」という考えです。嫌われて困るのは、上司よりも神様です。

時には神様より上司に嫌われる方がもっとつらい現場もあります。

事故に遭《あ》ったり、病気になったり、急な借金ができたり、不測の事態はいつでも起こります。

「不測の事態」イコール「運が悪い」と考えるのは、自己肯定感が下がっている状態です。不測の事態は、すべての人に起きます。

「有事人生」といって、意に反する事があることが人生です。

逆に、不測の事態が起こらないと、人生で何かヘンなことが起こっています。

病院に一度もかからない人がポックリ亡くなるのと同じです。

ちょくちょく病気になって、ちょくちょく病院に行く人は、「次は私だ、次は私だ」と言いながら長生きするのです。

本人が望まないことが「起こらない」のは、不幸な事態です。

みんなに起こっていることは、自分にもきちんと起こった方がいいのです。

企業のコンサルティングで、経営者に「社員がトラブルを起こしました。なんでこんなことが起こるんでしょうね」と、相談されました。

僕は「それは経営者の方全員が体験されています。大丈夫です。あなたが経営者になってきているということです」と言いました。

不測の事態が起こるのは、着実に進んできたということです。

不測の事態を1つ体験するたびに、より成長できるのです。

自己肯定感が一瞬で上がる
03

不測の事態があるのが、順調と考えよう。

04 「普通」は、幻想だ。

不測の事態を嫌う人は、「普通」を望みます。
「普通こうしてもらえるでしょう」ということは言いがちです。
上司からも「おまえ、普通こうするだろう」と、怒られます。
「普通」は自己肯定感を下げるワードです。
何もへこむことはありません。
一人一人は、みんな違います。
「普通」も「平均値」も幻想です。
「普通の人」という具体的な誰かは、いないのです。
みんなと同じ行動をとる修学旅行的社会では、普通の人がお手本になって、一番威張っています。

普通の考えでは、成功する人にはなれません。

松下幸之助さんは、普通の発想を抜け出したから松下幸之助さんになれているのです。

大切なのは、普通にしがみつかないことです。

普通に強迫されないことです。

海外旅行でコンシェルジュにオススメの場所を聞く時に、「どういう場所がお好きですか」と言われて、「普通、みんなどこに行くんですか」と言う人がいます。

オーダースーツをつくる時も、「どのようなものがお好みですか」と聞かれて、「普通、みんなどうしますか」と言う人がいます。

「今はこういうタイプが流行っています」言われて、「じゃあ、それにします」と言うのは、もはやオーダーではありません。

そういう人は既製服を買えばいいのです。
オーダーに「普通」を求めてどうするのか。
これが「普通にしがみつく」ということなのです。

自己肯定感が一瞬で上がる 04

普通に、しがみつかない。

05 「普通」にこだわることで、自己肯定感が下がる。

「普通」は存在しません。

存在しないものと自分との比較になると、常に違和感があるのです。

ネットショップで見て買った洋服を着ると、何か太って見えます。

それは広告のモデルが違うからです。

その人は太っていて、モデルさんはスタイルがいいのです。

モデルさんを「普通」と考える人は、「普通」にしがみついています。

「普通」にしがみついていない人は、「カッコいい人が着ると、こうなるんだろうな。自分は背格好も違うからあんなふうにはならないけど、あんなふうにカッコよく着られるようになりたい」と、微調整できるのです。

自己肯定感が一瞬で上がる 05

普通に、こだわらない。

「普通」にしがみつく人は、そこから1歩も動かないで返品します。
「広告にだまされた」と言うのです。
別に、だまされたわけではありません。
お弁当を買う時も、「メニューの写真は肉がもっと大きい」と、文句を言っています。
それは、あくまでイメージです。
「普通」にこだわることで、融通がまったくきかなくなります。
そこで自己肯定感が一気に下がってしまうのです。

06 パクリは、下がる。ズルは、下がる。

あらゆる世界で、パクリという行為があります。
パクリは、自己肯定感が下がります。
パクられた時に怒る必要はありません。
「パクった人は自己肯定感が下がるだろうな」と思えばいいのです。
パクっていることは、第三者が見つける前に本人が一番わかります。
料理、ファッション、本など、表現する仕事の人間がパクっても楽しくありません。
パクり始めると、アイデアが浮かばなくなります。
自己肯定感が高くないと、アイデアは出てこないのです。

常に「自分を表現することが楽しくてしょうがない。でもアイデアが出てこない」というところで追い詰められます。

締切間際に、「そうか、この手があるか」「追い詰められると出るな」「アクシデントのおかげでいいアイデアが出た。結果オーライだな」という戦いを何度も続けて、「きっとなんとかなる」というのが、クリエイターの手法です。

その時にしてはいけないことは、パクリで逃げることです。

パクリは効率を求める行為です。

効率を求めると、その人の自己肯定感は下がります。

パクリやズルをした方が効率はいいのです。

生みの苦しみを味わうことは、効率ではありません。

非効率なこと、めんどくさいことをすることで、自己肯定感が上がります。

三谷幸喜《みたにこうき》さんのミュージカル『日本の歴史』で僕が好きなのは、「なんとかならないように見えても、きっとなんとかなる、なんとなく」という歌詞です。

これは、三谷さんが追い詰められた修羅場で編み出した考え方です。

「なんとかならないような時でもなんとかなる」と考えると、自己肯定感は上がります。

「なんとかならないからズルしちゃえ」と考えると、自己肯定感は下がるのです。

自己肯定感が一瞬で上がる
06

効率を、求めない。

07 「なりたい人」を見ると上がり、「隣の人」を見ると下がる。

授業をしていて、「この人は伸びるな」と思うのは、先生を見ている人です。

先生が話している時に、「あ、イタタ。やってしまいました。それ、私だ」「この漢字、前も教わったのにまた忘れてる」と、ずっと先生を見ている人は伸びます。

隣を見て、「こんなこともわからないの？　それは私は知っていて、あなたは知らないのね」と言う人は、先生を見ていません。

そういう人は、大体、自分が勝っていそうな人を見ます。

下のランクの人を見ても、学ぶところはありません。

ネット社会と同じです。

自己肯定感の低い人は、なりたい人を見ていません。

マウンティングをすると、自己肯定感が下がります。

自分と同等、または勝てそうな人を見てマウンティングしていく、という形をするから、自分自身が成長しないのです。

自己肯定感が一瞬で上がる 07

「隣の人」より「なりたい人」を見よう。

08 「好きなこと」について話すと上がり、「嫌いなこと」について話すと下がる。

会話のテーマは2通りです。

「好きなこと」を話すか「嫌いなこと」を話すかです。

たとえば、「あの本、読みました？　面白くなかったでしょう」という話は、しなくていいです。

それを話しても、楽しくありません。

「あの本、売れてるけど、面白くなかったでしょう。何が面白いんでしょうね」という話は、どうでもいいのです。

「この本を読んだら面白かった」という話題の方が、お互いのプラスになります。

嫌いなことを話すのは、そのことを下げることによって自分が上がろうとしているのです。

本人は、「面白くない本がなぜ売れている」と、嫌いなことを言えば言うほど不機嫌になります。

それよりは、「油断してたけど、この本、面白かったな」と言う方が、言っている人の株も上がります。

「そういえば、○○の本が面白かったですよ」という話題が出たテーブルは、面白い本の分科会です。

嫌いな本の話をしていると、嫌いな本がテーマの分科会の人が集まります。

世の中の本は、面白くない、という結論になるのです。

「世の中の本を全部見た」錯覚に陥《おちい》っているのです。


仕事をしている人は、「景気悪いですね」という話が好きです。

その話題を話すテーブルは、「景気悪い研究会」です。

一方で、「この間、消費税が上がったのに儲かってる会社があるんですよ」という話が出たテーブルは、「どんな機会であろうとチャンスを考える研究会」になり、「なるほど。それは考えたね」と言って、アイデアがどんどんひらめきます。

景気のいいことやチャンスを探そうとする集団と、景気が悪い話をすることが好きな集団は、上と下にくっきり分かれます。

「好きなこと」や「景気のいい話」をする人の方が、自己肯定感は上がるのです。

自己肯定感が一瞬で上がる 08

「景気のいい話」を話そう。

09 結果の「差」をマネすると、下がる。原因の「違い」を変えると、上がる。

「違い」と「差」の違いは何でしょうか。

「あんな人になりたい」と思う人がいます。

その人が今していることをマネすることで、「あんな人」になろうとします。

これは間違ってはいません。

たとえば、自分がＩＴ企業の経営者になりたいと思った時、ＩＴ企業の経営者のブログを見れば、その人がごはんを食べに行くお店がわかります。

そのお店で食べたらＩＴ企業の経営者になれるかというと、なれないのです。

「違い」は原因の違い、「差」は結果の差です。

受験や仕事の成功や失敗は結果なので、差です。

「成功している人のように成功しよう」というのは、不可能です。

成功している人がどうやって成功したかというところに「違い」があります。

それを選べばいいのです。

「ホリエモンさんが行っているお店でごはんを食べているのに、ちっともＩＴ長者になれない」とボヤく人がいます。

それは結果をマネしているだけです。

ここで自己肯定感が下がってきます。

「違い」と「差」の違いに気づくことです。

自分で選択できるのは「違い」です。

寝る前にケーキを食べるか食べないかは、自分で決められます。

体重の違いは結果なので、「差」です。

なりたい人がいたら、違いをマネすればいいのです。

差は違いから出てきた結果にすぎません。

差に文句を言っても仕方がないのです。

「あの人はあんなに仕事ができる」とか「あの人はあんなにモテる」というのは、その人の差に対して文句を言っています。

見た方がいいのは、そのためにしている努力の違いです。

努力の違いを見ると納得です。

その人はケーキをガマンして、自分は食べてしまったということなのです。

自己肯定感が一瞬て上がる 09

結果より、原因をマネよう。

10 受験すると、下がる。実験すると、上がる。

人生のあらゆることで「受験」の意識が強いのです。

多くの人の社会経験が受験から始まったからです。

いつの間にか「受験」を一生のスタイルに固めてしまうのです。

受験の次に来るのが、就活です。

受験も就活も「通してください」という受け身です。

通るか落ちるかは向こうが決めます。

サラリーマンになって営業を始めた時に、商品を買うか買わないかは向こうが決めるのです。

常に自分は決定権を持たない受け身側にまわります。

自己肯定感のなさは、自分では決められない弱さです。
お見合も、会社をクビになるかどうかも、家族も相手次第という気の毒な状態になるのです。

人生をすべて「受験」で生きていると、自己肯定感は上がりません。
自己肯定感を上げるには、「受験」を「実験」に変えればいいのです。
言葉1つ、「受」を「実」に変えるだけで、自己肯定感が上がっていくのです。

自己肯定感が一瞬で上がる 10

決めてもらうより、自分で決めよう。

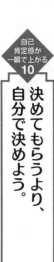

11 「嫌われている」と考えると、下がる。「何が違うか」を反省すると、上がる。

僕は各種のコンテストの審査員を30年しています。

時々、「なんであの子が落ちたんですか。嫌われているんですか。私は応援しているんですけど」と言う人がいます。

「嫌われたから、うまくいかない」という分析をすると、今度は「好かれよう」という受験型になっていきます。

その時点で完全に受け身へまわっているから、弱くなるのです。

落ちたことをキッカケに成長する人もいます。

たとえば、仕事で成功した人と通らなかった自分の努力・工夫はどこが違うかを考えている人からは、「嫌われた」という言葉は出てきません。

工夫の違いにフォーカスしていない人は、「していることは同じなのにうまくいかないのは、嫌われたからに違いない」という発想になるのです。

セクハラで訴えられる人も、「同じことをしているのに、なんであいつは喜ばれて、自分はセクハラだと言われるのか。嫌われているからだ」と思いこんでいます。

違います。

喜ばれる人は、ふだんからコミュニケーションをたくさんとっています。「セクハラ」と言われるのは、ふだんコミュニケーションをとらないで、いきなり下ネタをぶつけるからです。

原因は、今していることではなく、ふだんしていることの中にあります。

「原因のない結果はない」というのは、レオナルド・ダ・ヴィンチの発明です。「自分は嫌われている」というのは、なんの根拠もありません。

「同じことをしているのに」と開き直る人は、その時点で反省も分析もしなくなるのです。

「嫌われている」と思うと、自己肯定感が下がります。

違いを分析し始めると、自己肯定感は上がります。

今は成功していなくても、「あの人と自分は、ここが違う。ということは、自分もそれをすれば成功するかもしれない」と、未来へのチャンスが見えてきます。

「嫌われている」と思うと、「何をしてもダメだ」となって、未来へのチャンスがなくなるのです。

未来へのチャンスが見えるか見えないかが、自己肯定感が上がるか下がるか、の差です。

今の状況は関係ないのです。

自己肯定感が一瞬で上がる 11

「違い」を分析しよう。

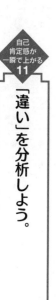

12 「してもらう」のではなく、「役に立つ」。

世の中が便利になってくると、いろんなサービスをしてもらえるようになります。

日本のサービスは、世界の中でトップレベルです。

値段以上のサービスをするのが、日本の「おもてなし社会」です。

飛行機が欠航になった時も、グランドホステスが手取り足取り全部やってくれます。

海外は「ソーリー」で終わりです。

「アナウンスが流れているから、それを聞いて自分でして」というスタンスです。

してもらうことに慣れ切っていると、してもらえなかった時に、一気に、自己肯定感が下がるのです。

「オレは客だぞ」と叫んでいるのは、その発言自体、すでに自己肯定感を下げています。

自己
肯定感が
一瞬で上がる
12

してもらうことを当たり前に思わない。

飛行機で出発が遅れた時に、グランドホステスさんやＣＡさんに「大変だね」と話しかけられる人は、その時点で余裕です。

ここで自己肯定感が上がります。

誰か怒鳴っている人がいると、「まあまあ、この人たちのせいじゃないんだから」と、本当は自分も航空会社に怒りをぶつけたかったのに、突然、善なる人に変われるのです。

13 修学旅行から、受け身が始まった。

修学旅行のスタイルが、生き方のスタイルになっているのです。

大人になって旅行へ行く時も、どこか修学旅行の気分なのです。

修学旅行は、学校の授業として連れていってもらいます。

修学旅行に予定変更はありません。

就寝時間も、きっちり守ります。

行程表があって、5分の遅れもないように管理しています。

大人になってもそんな旅行をしていると、つまらない旅になります。

実際の旅行で、予定どおりにいくことはありません。

してもらうことに慣れている人は、予定どおりにならないと、「私は予定を守っているのに」と、文句を言います。

どんなにサービスのレベルが上がっても、できないことはあります。

できなかった時に、ぶちキレてしまうのです。

最後に出てくるのが、「私は嫌われている」という言葉です。

究極は「運が悪い」と言うのです。

「運が悪い」「神様に嫌われている」という発言で納得しようとするのは、結局、自己肯定感を下げているのです。

自己肯定感が一瞬で上がる 13

不便を楽しもう。

14 目先の利益は、下がる。理想は、上がる。

自己肯定感の邪魔になるのが、「目先の利益」です。

自己肯定感をとるか、目先の利益をとるか、それだけのことです。

あらゆることにおいて、二者択一になるのです。

自分がしようと思っていることがなかなかできない理由は、常にもう一方に目先の利益があるからです。目先の利益は、手強いです。

トーナメント戦では必ず勝ち上がってきます。

目先の利益に負けなければ、自己肯定感は上がるのです。

目先の利益に飛びついた瞬間に、自己肯定感は下がります。

たとえば、副業で講師を２０００円で頼まれました。

「安い仕事だけど、ごめんね」「いいですよ」ということで引き受けました。

その後に、また別のところから50万円で講師の依頼が来ました。

予算が２５０倍で、しかも同じ日です。

ここで安い方を断ると、自己肯定感は下がります。

先の約束を優先して高い方を断ると、自己肯定感は上がります。

目先の利益に負けると、「断れない用事が入りまして」と言って、つい安い方を断ってしまいます。

その後で高い方に「予定が変わって、あの話はなくなりました」と言われます。

安い方に戻って、「何とか調整して行けることになりました」と言うと、「もう別の人にお願いしました」と言われます。

あらゆるところで、この現象が起こるのです。

「やりたくないけど儲かる仕事」と「やりたいけど儲からない仕事」のどちらをとるかです。

目先の利益に負けてしまうと、結果、やりたくない仕事でストレスがたまります。好きな人と安い仕事をするか、イヤな人と儲かる仕事をするかです。

ここで具体的な人が浮かびます。

目先の利益に負けると、自己肯定感が下がります。

下がった自己肯定感を上げるためには、目先の利益よりもっと費用がかかります。結局、採算が合わないのです。


自己肯定感が下がることほど大きなマイナスはありません。

「いつか払えるようになったらでいいですよ」と言うと、自己肯定感は上がります。

「今、下さい」と言うと、結果、人間関係も信頼も失います。

一番大きい損失は、目先の利益で自己肯定感を下げてしまうことなのです。

自己肯定感が一瞬で上がる 14

目先の利益に、とらわれない。

第2章

自己肯定感は、一瞬で上がる。

15 「自分は、この場にふさわしい」と考える。

自己肯定感の高い人は、すべての場において、「今この場に自分はふさわしい。もっとふさわしくなるにはどうしたらいいか」と考えます。

まわりにいる人たちを敵ではなく、味方と考えるのです。

「敵」と「味方」と「どちらでもない人」の3種類です。

スクランブル交差点ですれ違う人や、電車で同じ車両に乗っている人の大半は、「どちらでもない人」です。

自己肯定感が下がると、まわりにいる人を全部「敵」に感じてしまいます。

パーティーに行って「ここにポツンといるのは自分一人だ」と思うのは、「パーティー症候群」です。

実際は、気にしなくても、全員がひとりぼっちの気持ちでいます。

まわりの人たちは、敵ではありません。

上司・お客様・同僚は、敵ではありません。

イヤなことを言われても、「本当は好きなくせに」と考えると、自己肯定感が上がります。


人間関係においては、「まわりはみんな味方だ」と勝手に決めればいいのです。


場所に関しても、「自分はこの場所にふさわしい」と考えます。

時間に関しては、「今がベストタイム」「このタイミングでちょうどよかった」と考えて行動します。

「遅すぎた」「早すぎた」「このタイミングでよかったかな」と考えると、自己肯定感は下がります。

一番いいのは、「今がベスト。ちょうどよかった」と考えることです。

よくないことが起きた時も同じです。

チャンスは、準備不足の時にやってきます。
よくないことは、「今この時期に来るんですか」というタイミングで立て続けに起こります。それでいいのです。

自己肯定感が下がっていると、「私はこの場所にふさわしくない」と感じます。
呪文は、「I belong here.（この場所に私はふさわしい）」です。
「私はこの場所の一部であり、この場所は私の一部」というのが、ホームの感覚です。

アウェーとホームは、客観的に決められていることではありません。
自分自身が「ここはホームなんだ」と考えればいいのです。
ホームなら、「礼儀正しくしよう」という余裕が生まれます。
さらに自己肯定感が上がるという状況になるのです。

自己肯定感が一瞬で上がる 15

敵ではなく、味方と考えよう。

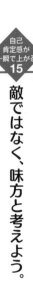

16 できないのは、「改装中」だから。

何か新しいことをやろうとしても、できないことがあります。

すぐできないからといって自己肯定感を下げたり、無力感を持つ必要はありません。それは、改装中と考えればいいのです。

「改装中だから仕方ない。やがて、できるような気がする」と考えることが大切です。

「できない」と言ってしまうのは、その方がラクだからです。

「できない」と自分で言ってしまうと、自己肯定感を下げます。

これは、特に習いごとで体を使うものに起こりがちです。

頭でやろうとするとできません。

何回か練習すると、体はできるようになるのです。

ジャグリングは、最初は落とす練習から始めます。

手の位置は一定のまま、まず2個を投げる手から78センチの高さにポンポンと投げて、そのまま受け取らないで下に落とします。

その音がそろってきたら同じ高さに上がっている証拠です。

落とす練習をして、どれぐらいの力にすれば同じ高さに上がるかを覚えます。

間違ってとってしまっても大丈夫です。

これは、体が覚えるための練習です。

頭が先行して覚えるのではありません。

頭は体より遅れているので、体を信じてあげればいいのです。


今している仕事が楽しくないと自己肯定感が下がります。

そうすると、もっと楽しい仕事はないかと探し始めます。

楽しい仕事を探すのではなく、成長する楽しみを見つけることです。

成長が楽しいのであって、仕事が楽しいのではありません。

成長する楽しみがあれば、何をしようが面白いわけです。

仕事の楽しみは、結局は見えません。

報酬・賞賛・感謝に仕事の楽しみを見出すのは、受け取れるからです。

成長の楽しみは、自分で感じることです。

「前はできなかったけど、これができるようになった」というのが成長の楽しみです。成長の楽しみは、成功ではありません。

成功は100％を求めます。

成長は1％でいいのです。

「これが少しできるようになった」という成長を味わうことが、自己肯定感を上げるのです。

自己肯定感が一瞬で上がる
16

「やがてできる気がする」と考えよう。

17 「手間がかかって、儲からないこと」は、上がる。

自己肯定感を上げる要素は、
① めんどくさいこと
② 儲からないこと
の2つです。

これは人間の脳のバランスです。

脳の中では、「こんなに手間がかかって、こんなに儲からないことは、きっと面白いに違いない」と感じています。

手間のかかることを喜ぶ構造が、脳の中にプログラムとしてあるのです。

たとえば、大体の神社・仏閣は山の上の不便なところにあります。

石段を登らないとたどり着けません。
駅からも遠いのです。
不便なところにある最たるものが現代美術館です。
現代美術館は、とてつもなく遠いところにあります。
土地のスペースが必要だからです。
自然の中に置きたいということもあります。
駅前にはありません。
だから、いいのです。
行くまでのプロセスで、すでに味わっているのです。
たどり着くまでの手間が、楽しいのです。

プラモデルで完成形を買わないのは、つくり上げるプロセスを楽しみたいからです。
神社・仏閣の真ん前にバス停をつくると、一気に人が来なくなります。

歩かなくて済むようになると、ありがたみがなくなるのです。

参道のお店は売上げ激減です。

バス停が遠いと、帰り道にそこを通るから、モノが売れるのです。

ラクしたものは記憶に残りません。

旅行も同じです。

修学旅行は、自分では何も考えていません。

すべて決められています。

むしろ考えてはいけないし、勝手なことをしてはいけないのです。

僕は、修学旅行は枕投げの記憶しか残っていません。

枕投げでガラスを割って、畳の底の床をぶち抜いてしまったので、それをどうカモフラージュして先生にバレないようにするか、そこに一番頭を使いました。

そこでヘトヘトになって、昼間の観光バスはずっと寝ていました。

旅行では、大変だったこと、トラブルになったことを記憶します。

儲かる仕事は、印象に残りません。

意識が金額の方へ行ってしまうからです。

記憶や物語は、数字に負けてしまいます。

お金には、そういう強さがあるのです。

手間がかかりそうなこと、儲からなさそうなことをすることで、自己肯定感が上がるのです。

自己肯定感が一瞬で上がる 17

「儲からないこと」をしよう。

18 言いわけすると、下がる。言いわけしないことで、上がる。

自己肯定感を上げるためにする言いわけは、自己肯定感を下げます。
言いわけをしないことで、自己肯定感は上がるのです。
これは相手の評価ではありません。自分自身の気持ちです。
言いわけをする時は、自分自身でわかります。

どうしても言いわけをしたい時は、「言いわけします」「これ、言いわけですけど、言っていいですか」と、最初に言うことです。
話を聞く側も、相手の自己肯定感を上げてあげるために「言いわけをまず言ってみろ」と言うことです。

「それは言いわけだな。言いわけするな」と言うのはNGです。

人間は、言いわけを言うことで安心するのです。

そこから反省が始まります。

まず言いわけをしないと反省する気持ちにならないのです。

言いわけは、できるだけ短くすることです。

言いわけを言わせないと、相手はずっと言おうとし続けます。

反省の言葉を1時間言った後に、「でも、これだけ言っていいですか」と言いわけをします。

聞いている側は、「この1時間はなんだったんだ」と思います。

言いわけで自己肯定感が上がることはありません。

どうしても言いわけをしたいなら、とっとと言ってしまうことが大切なのです。

自己肯定感が一瞬で上がる 18

言いわけを、短くしよう。

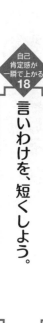

19 1つのことをやり続ける。

会うたびに「今度○○を始めたんですよ」と言う人がいます。

「凄いんですよ。この話、聞きたいですか?」と言われても、僕は「いや、聞きたくない」と答えます。

何かを始めて1週間しかたっていない人の話に、深いところはないからです。

「まだ始めて30年しかしてないです」と言う人の話は、どんなことでも聞きたいです。

「折紙を30年してるって、どういうことなの?」と、興味が湧きます。

「何か始めたんだよね?」と聞いて、「今度また別のことを始めた」と言う人は、一人カルチャーセンター状態です。
ジャンルだけが多いのです。
それでは、１つ１つのジャンルで深みに入れません。
継続できるものを持たない人の話は、浅くて面白みがないのです。

自己肯定感が一瞬で上がる
19

「継続できるもの」を持とう。

20 失敗を、学習することで、成長できる。学習で、失敗を「いい失敗」にしよう。

失敗には、「いい失敗」と「ただの失敗」があります。

成功には、「いい成功」と「ただの成功」があります。

自己肯定感を上げるには、成功はどちらでもいいのです。

大切なのは、失敗に対してのとらえ方です。

人生においては、成功より失敗の方がはるかに量が多いです。

いかに自分の失敗を「いい失敗」にしていくかが勝負です。

失敗した後に、成功している人と自分はどこが違うのかを、ちゃんと学習している人は、いい失敗になります。

これが受験勉強ではなく、実験勉強のいい所です。

普通、失敗したことはあまり見たくありません。

せっかく失敗したのに「なかったことにしたい。さっさと忘れよう、次に移ろう」とすると、ただの失敗で終わります。

失敗した時点では、すべての人にとって、それがいい失敗なのか、ただの失敗なのか、まだわかりません。その後、勉強したかどうかで分かれるのです。


ダンスでは、発表会のデモンストレーションで踊った人は必ず失敗します。

踊ったことで満足している人、失敗にへこんだ人は、その後のレッスンにしばらく来なくなります。

また発表会の直前にパパッと来ます。


一番伸びる瞬間は、失敗の後です。

「学ぶ」とは、未来の可能性を得ることです。

「そうか、これはこうしたらうまくいったんだ」という未来の可能性を「夢」と「希望」と言います。

「夢」と「希望」とは違います。

「夢」は、「こんなことができたらいいな」「あんな人になりたい」と思い、それを実現した自分のイメージが湧くことです。

「希望」は、「中間点をしていけば、なんかいけそうな気がする」と思うことです。

一般的に「教える」は、「こうしなさい」と言うことです。

僕は教える側として、「まず、これをしてみたらどうだろう」とアドバイスをします。

それによって、「失敗したら忘れたい気持ちを抑えつつ、何が違ったのかを勉強すると、次はもっとうまくいく可能性がある」「工夫のチャンスがある」ということを学んで、夢と希望を受け取ってほしいのです。

自己肯定感が一瞬で上がる 20

学ぶことで、夢と希望を受け取ろう。

21 怒りを他人に向けると、下がる。自分に向けると、上がる。

人間は、怒りが湧きます。

怒りが悪いのではありません。

怒りを持っていく方向性の問題です。

自分に対して怒って、「なんでこれはできなかったんだろう」「なんであの時こうしなかったんだ」と思うと、「次は絶対するぞ」「次はこうしよう」というモチベーションになります。

怒っている相手に対して、「一生恨んでやる」「いつか復讐《ふくしゅう》してやる」「なんとしても一泡吹かせてやる」「見返してやる」と思うと、自己肯定感は下がります。

自己肯定感が一瞬で上がる 21

許せないことを、許そう。

「許せないけど、許す」と思った瞬間に、自己肯定感はボンと上がるのです。

ハリウッド映画は、子どもでもわかるようにできていて、勧善懲悪《かんぜんちょうあく》で敵を倒して終わりです。

日本の能・歌舞伎は、悪を許して終わります。

「許す」は、自己肯定感が一番上がるもとです。

「怒り」と「許す」はセットなのです。

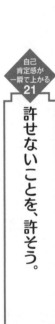

22 矛盾を避けると、下がる。矛盾したことをすると、上がる。

矛盾を避けたり、逃げたり、目を閉じたりしていると、自己肯定感が下がります。

臨機応変にすることは、矛盾への対応です。

「『○○を食べたい』と言われたからお店を予約したのに、○○をお昼に食べたの？」

「イタリアンが食べたいと言ったのに、オリーブオイルが苦手とはどういうことなんだ」

「パックツアーに、『一人旅がしたいんですけど』と申し込んだ」

というのはみんな矛盾です。

この矛盾したことを自分の中に受け入れていくことで、自己肯定感は上がります。

言っていることと、していることが違う人の方が魅力があります。

それは矛盾によって自己肯定感が上がるからです。

矛盾したことが起こるのは、その人がステージアップしていく時期に差しかかったり、トンネルを抜け出そうとしている時です。

自分の中で矛盾したことが起こっていない人は、停滞期にあります。

上昇期ではありません。

みんなが「世の中って矛盾してるよな」と言う時の「矛盾」は「不平等」という言葉の置きかえです。

「あいつが出世して、なんでオレがダメなんだ」というのは、矛盾ではなく、不平等への不満です。

「オレは損している」という気持ちを、広義で「矛盾」と言っているのです。

森毅《もりつよし》先生は、「すべての人に不平等は平等にやってくる」とおっしゃっていました。

さすが天才数学者です。

「不平等は自分だけに来ている」というのは思い込みにすぎません。

数学者的には、不平等は平等であり、人によって来るタイミングが違うだけなのです。

自己肯定感が一瞬で上がる 22

矛盾したことをしよう。

23 自分が劣っているのではない。相手が凄いのだ。

スポーツで実力的に負けた時、「オレはダメだ」と思うと自己肯定感が下がります。

その時は、「オレがダメなんじゃない。相手が凄いんだ」と思うと、頑張ろうという気持ちになります。

「相手が凄い」と考えられるのは、リスペクトの気持ちです。

勝利者インタビューで、「今日、私ちょっと調子が悪かったんですけど」というコメントは、ファンとしては「それだと相手に失礼だろう」という気持ちになります。

勝った時は「相手は強かった。苦しい戦いで紙一重《かみひとえ》でした」と言えばいいのです。

ライバルに対して凄いと言えるのが、自己肯定感の高い人です。

ライバルをリスペクトできると、自己肯定感が上がるのです。

戦争映画の中に潜水艦物があります。

潜水艦と潜水艦の戦いは、直接顔を合わせない、読み合いの戦いです。

お互いに相手へのリスペクトの戦いになります。

「きっと相手は最高の手を打ってくる」「こっちがこういう作戦だった時に相手はそれにだまされない」と考えるのは、相手をリスペクトしているからです。

「こっちがこう出たら相手は乗ってくるだろう」と考えるのは、相手をリスペクトしていません。

自己肯定感の高い人は、自分の上司よりも敵をリスペクトします。

『平家物語』に出てくる若武者の平敦盛《たいらのあつもり》は、戦《いくさ》で逃げている途中で引き返すと、敵に「殺せ」と言いました。

命乞《ご》いをせず、戦場に笛を持っていく敦盛に対してのリスペクトが、自己肯定感を上げていくものになるのです。

自己肯定感が一瞬で上がる 23

ライバルを、リスペクトしよう。

24 自力でできたことで、上がる。

自力でできたことは、自己肯定感が上がります。

助けてもらったことは、自己肯定感が下がります。

自分でできないことはしないで、自分でできることをすればいいのです。

「できない、できない」と言う人は、できないことをしようとして、できることをしません。

「あれができないからできない」ではなく、「自分にできることを先にしよう。できないことはできなくていい」と考えることです。


親の介護も同じです。

自己
肯定感が
一瞬で上がる
24

自分にできることをやり、できないことはしない。

仕事をしている時、親の介護はできることとできないことがあります。

自分の仕事を辞めなければできないことはプロに任せたり、自治体に任せたりせざるを得ません。

まず、できることとできないことをきちんと分けます。

できないことをしようとすると、その人の自己肯定感は下がります。

可能な範囲でできることを、最大限すればいいのです。

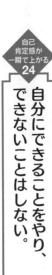

25 負の感情は、拒むと、下がる。受け入れると、上がる。

負の感情も、拒《こば》まないことです。

「自分はあの人をうらやましがっている」「あの人に怒っている」「あの人をねたんでいる」という感情も、いったん受け入れます。

そうすると、自己肯定感は上がります。

うらやましいと思っているのに、「ちっともうらやんでいない」と思うと、自己肯定感は下がります。

悩みを、短くわかりやすく書ける人は、その時点で乗り越えています。

乗り越えられない人は、関係ない話ばかり書きます。

「もう少し短く簡潔にわかりやすく書こうか」と言うと、書くたびに違う内容になります。

受け入れていないので、自分の相談を隠すのです。

それで相談に来るのです。

悩みを解決するポイントは、「今自分はイライラしている」「落ち込んでいる」という状況を具体的に書くことなのです。

自己肯定感が一瞬で上がる
25

状況を、具体的に書こう。

26 「調子が悪い」とわかる時は、調子がいい。

「最近、調子が悪いんです」と言う人がいます。

「調子が悪い」とわかるのは、調子がいいからです。

マッサージに行って「どこか凝《こ》っているところはありますか」と聞かれて、「どこも凝っていません」と答える人は、だいぶ具合が悪いです。

肩が凝っていることが、わからないぐらい凝っている状態です。

いいのは「ここが痛い」「あそこが痛い」とわかる状態です。

「どこも痛くない」となった時点で、さらに状況は悪化しています。

「調子が悪い」と感じた時は、調子がいいんだなと考えればいいのです。

あるホテルの総支配人はモテモテです。

「総支配人、最近調子はどうですか」と聞くと、「絶不調」という答えが返ってきました。

その時に「言い切れるって、現役っぽいな」と、モテている感じがしました。

人生においては、調子のいい時ばかりが続くとは限りません。

不調に気づいた時の状況判断としては、「まあ、いいんじゃないかな」と、とらえておけばいいのです。

自己肯定感が一瞬で上がる
26

「まあ、いいんじゃないかな」と考えよう。

第3章

他者承認願望は、抜け出せる。

27 メールが増えると、下がる。メールが長くなると、下がる。

自己肯定感が下がる人の特徴は、メールが増えることです。
だからネットの世界は危ないのです。
普通のメールは、自分が出す、相手が出すというキャッチボールです。
相手から返事がくる前に立て続けにメールを送る人は、自己肯定感が下がっています。
もう1つの特徴は、1つのメールが長くなります。
自己肯定感を上げる方法は、自分が送るメールの本数を減らすことです。
読む本数も少なくして、メールにかかわる時間を減らします。
さらに、メールの文章を短くすることです。

メールを長く書くと、「メール酔い」が起きます。

「メール酔い」になるかどうかの境目は、5行です。

長いメールは、危ないのです。手紙で酔うことはありません。

手紙は、便箋《びんせん》が3枚来ても正気を保てます。

メールは書きやすさもあって、何か文句を言いたくなります。

自己肯定感の問題は、こうすれば好かれる、嫌われるという以前に、自分自身の感情が上下した結果の人間関係です。

まずは自分自身の心のバランスを整える必要があります。

「人から嫌われるからこういうのをやめなさい」ということではありません。

自己肯定感を上げるために、メールの本数を少なくし、文章を短めにするだけで、メール酔いをしなくなります。

自己肯定感の低い人は、酔っ払ってメールするのではなく、メールに酔って常軌を逸《いっ》していくのです。

「メール酔い」で、信用を落としてしまうのです。
酔っ払いは、しらふに戻った時に、自己嫌悪に陥ります。
「メール酔い」にならないことです。

自己肯定感が一瞬で上がる
27

メールを、立て続けに送らない。

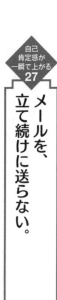

28 短所があることで、自由になれる。

「自信」と「自己肯定感」は違います。

自信は、長所で余裕を感じることです。

自己肯定感は、「短所も嫌いじゃない」と思えることです。

カラオケで得意な歌だけ歌うのは、自信です。

カラオケ好きな人は、誰かが間違えて入れた知らない歌でも歌います。

自信のある人が短所を隠すのは、負けるのがイヤだからです。

自己肯定感の高い人が短所を隠さないのは、短所も嫌いではないからです。

むしろ短所を売りにしたりするのです。

自信は、もろいのです。

もっと歌のうまい人が出てきた時点で終わります。

自己肯定感は、自分よりうまい人が出てきても崩れません。

自信のモノサシは、1本のラインです。

自己肯定感のモノサシは千手観音のように四方八方に伸びているので、比較のしようがないのです。

その競技種目に参加しているのは自分一人で、常に金メダルです。

インドの運動会は、750種目に750人が参加します。

しかも、本人がつくったルールなので、どうすれば勝ちなのか、本人以外わかりません。

それでも成り立って、全員、優勝です。

これが多様化社会なのです。

自己肯定感が一瞬で上がる
28

短所を、隠さない。

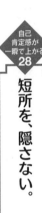

29 量を求めると、下がる。質を求めると、上がる。

仕事には「量」と「質」があります。

ここでの量は、お金のことです。

本を例にとると、何万部売れるとか、印税が何千万円入るといったことです。

インバウンドの問題で、日本のインバウンドが４０００万人に到達した時に、

その先の５０００万人、６０００万人を目指すことです。

そうした量を求め始めると、自己肯定感は下がります。

大切なのは、量ではなく、質です。

質を落として安く売ると、大勢に買ってもらえます。

それに対するリスペクトはありません。

質を上げて料金を高くすることで、お客様は減っても、リスペクトが得られます。

どちらをとるかです。

京都に8席しかないカウンター割烹《かっぽう》があります。

そこへ東京のチェーン店が「全国300店舗でやりませんか」という話を持ちかけました。

ご主人は、「みっともない」と言って断ります。

なんのことはない、それをすると自己肯定感が下がるのです。

すべての決断が、自己肯定感が上がる決断と下がる決断の二者択一です。

下がる決断は、常に量を求めます。

ラーメン屋さんが新しくできた時に、「どんなコンセプトのラーメン屋さんをつくりたいですか」と聞きました。

ご主人は「全国1000店舗つくりたいです」と答えました。

全国１０００店舗は、聞いたお客様には関係ない話です。

逆に、何か薄まった感じがします。

一方、「お客様がスープを残さないラーメン屋さんを目指します」というのは、質です。

そういうお店に行きたいです。


量を求めてもよかったのは、人口が増えていた時代です。

今は人口が減る時代です。

デフレとインフレではなく、人口の増減の議論をした方がいいのです。

アジア・アフリカは、まだ人口が増えています。

日本は、これから人口が減っていきます。

人口が減る中で量を求めても、うまくいくわけがないのです。

少子化は、いよいよ質の時代になったということです。

それは前向きに受けとめることです。

右肩上がりの発想は、人口増を基準にしています。

給料が必ず上がるというのは、すべて右肩上がりの発想です。

給料を上げたいなら、人口増の国に行けばいいのです。

自己肯定感が一瞬で上がる 29

量より、質を求めよう。

30 決定権は、自分にあると考える。

決定権を自分が持つと、自己肯定感は上がります。

決定権を相手に委《ゆだ》ねると、自己肯定感は下がります。

自分で決められないからです。

会社を辞めるか辞めないかは、自分で決めることです。

「辞めさせられる」と思った瞬間に、決定権を放棄しています。

運命の人を探している人は、会う人会う人に「私の運命の人ですか?」と聞いてまわります。

それは相手に委ねています。

委ねる人は詐欺に引っかかります。

「私が運命の人だ」と言ってきた人に、だまされるのです。

「私は手広くビジネスをしている。つなぎのお金がいるので、ちょっと通帳を渡してくれ」と言われて、通帳を渡してしまいます。

本人は「スペックの高い高収入の人に出会った」と思っているのです。


詐欺に引っかかったのは、相手に「運命の人ですか?」と聞いたからです。

結婚詐欺の人は、会った瞬間から「これは運命だ」と名乗るので、運命の人を探していた人は「やっと会えた」と思うのです。

運命の人なのかどうかを相手に聞いてはダメです。

自分で決めないで、人に聞いて、なぜそれを信用するのか。

運命の人は、自分で勝手に決めればいいのです。

これも情報化社会の落とし穴です。

情報がなければ、自分で決めざるをえません。

情報化社会はいろいろな情報があふれています。

グルメサイトの平均点は、そのうち人間につくようになります。

勝手に点数をつけられるのです。

よく知らない人も点数をつけています。

その人が1点をつけたら、きついのです。

これは自分で決めていません。

どんな決断も、自分が決定権を持っている限りはいいのです。

たとえば、安い仕事を引き受けるのは、モチベーションが上がって、自己肯定感が上がるからです。

もう1つ、いつでもやめられるからです。

よく「なんであんな安い仕事を続けているんですか」と聞かれます。

イヤになったら、いつでもやめられます。

だから、「もうちょっとやろうかな」と思えるのです。

自分がイニシアチブを持っていると、その中で楽しむことができるのです。

決定権は自分にあります。
目の前のケーキを食べるか食べないかは、自分で決めることができるのです。
ケーキが「私を食べて」と言うわけではないのです。

自己肯定感が一瞬で上がる
30

運命の人は、自分で勝手に決めよう。

31 目に見える応援が少ない人ほど、応援してもらえる。

競技の時、応援する人がいる人と、応援する人がいない人がいます。

ジャッジをする側からすると、「応援の声のかからない人を見てあげようかな」という気持ちになります。

応援されている人は、「この人は自分が見なくてもいいだろう」と思うのです。

つまり、応援は損です。

応援することで、みんなに注目されて、ジャッジの点数が上がるというのは、逆です。

応援している側は、それに気づいていません。

応援されている側も気の毒ですが、一方で、応援者を集めたいという気持ちもあります。

応援者は、

① **目に見える応援者**

② **目に見えない応援者**

の2通りがいます。

目に見える応援者は、「いいね！」を押す人、声援を送ってくれる人です。

目に見えない応援者は、声援を送る応援者の多い人は応援しません。

「自分が応援しなくてもいいだろう」と思うからです。

会社でも、目に見える応援者が多い人は損しています。

目に見える応援者が少ないことで、見えない応援者がつきます。

ここで大切なのは、応援してもらえる人になることです。

応援者が集まる人は、明るい人です。

暗い人は、「この人は暗いから応援者がいないんだな」ということでとまってしまいます。

できれば応援されていない人を応援したいのですが、やっぱり暗い人は応援しにくいです。

誰からも応援されていないのに、ニコニコ笑っている人は、応援したくなるのです。

大切なのは、目に見えない応援です。

自分が応援する側にまわる時は、少数派を応援するようにします。

多数派につきたがるのが情報化社会です。

多数派は、イワシの群れが動くように、ある瞬間、コロッと変わります。

多数派の人の大多数は、「多数派につく人」です。

主義主張がないというより、「多数派」が主義主張です。

多数派を応援すると、ヘトヘトになります。

気がついたら、逃げ遅れて少数派になっているのです。

最初から少数派を応援している人は、少数派だから応援しているわけではありません。

「少数派でも平気」というスタンスです。

情報化社会は、常に自分が多数派たらんとすることでの、エネルギーの消耗が大きいのです。

多数派になるために、少数派を攻撃する、というスタイルができ上がります。

少数派を攻撃するのは、自分が多数派であるというところで安心感を保とうとするからです。

実際は、多数派ほど不安なものはありません。

寝て起きたら、一晩で少数派に変わっているのです。

自己肯定感が一瞬で上がる
31

目に見えない応援に気づこう。

32 称賛を求めると、称賛のない時に、できなくなる。

他者承認とは、「称賛」という形で人からほめられたり、感謝されることです。

一瞬のモチベーションにはなりますが、長時間は持続しません。

自己肯定感は、一瞬で上げることができます。

「今日は自己肯定感が高い」とか「今日は自己肯定感が低い」とか、そんなレベルではありません。

自信は、ある時もあれば、ない時もあります。

自分よりもっと凄い人が出てくると、自信は一気になくなります。

よく「根拠のない自信」と言われます。

根拠のない自信が「自己肯定感」です。

そこに見返りは何もいらないのです。

アンリ・ルソーという画家がいます。

独学なので、ヘタウマの元祖です。

だからこそ、超天才のピカソが「凄い。これは自分には描けない」と、ハマるのです。

ルソーは美術思潮の中では「素朴派」と呼ばれています。

本人は自分を写実画家だと言っています。

ここが凄いのです。

ルソーの友達に子どもができた時に、その子を撮った写真を見ながら絵を描いてプレゼントしたところ、「ふざけんな」と言われて送り返されたのです。

ルソーの凄さは、自分を写実画家だと思っているところです。

アポリネールとマリー・ローランサンとは仲がいいのです。

つきあっている時に、ルソーは2人の肖像も描きました。

目と目の幅を定規ではかったりして、何かおかしいのです。

描いた絵は、マリー・ローランサンに怒られて突き返されました。

称賛を求めることのマイナスは、称賛がないとできなくなることです。

称賛と感謝がベースになると、続かなくなるのです。

子どもをほめて、感謝して育てようというのは、間違いではありません。

リスクは、ほめられたこと、感謝されたこと以外はしなくなることです。

今までされていた感謝がなくなったら、突然、したくなくなるのです。

子どもが一番したいことは、「ダメ」と言われたことです。

親がトントントンと階段を上がってくる音を聞いて、サッと隠して、勉強をするフリをします。

その隠したものが一番したいことです。

それをすると、ほめられるどころか、叱られます。

それが一番モチベーションが上がります。

やがては、それがその人の天職になっていくのです。

善行をすると感謝されます。

危ないのは、感謝されないと善行をしなくなることです。

学校にいるうちは、まだ先生がほめてくれます。

社会へ出ると、ほめてくれないのです。

認知症の介護をしている知り合いは、「ほめられるかわりに、噛《か》まれますね」

と、笑っていました。

その人は称賛も感謝も求めていません。

あるのは自己肯定感だけなのです。

称賛も感謝もない所に、自己肯定感が生まれます。

自己肯定感が一瞬で上がる 32

感謝されなくても、善行をしよう。

33 大勢に認めてもらおうとすると、下がる。信じる一人の人に認められることで、上がる。

大勢に認めてもらおうと思うと、自己肯定感は下がります。

誰にも認められなくていい、というわけではありません。

信じる一人の人に認められることで、自己肯定感は上がります。

信じる一人の人と大勢を両方とることはできません。

二者択一です。

AとBのどちらをとれば、信じる一人の人に認めてもらえるか、という基準で考えると、自己肯定感が上がります。


大勢に認めてもらおうとすると、顔の見えない大勢の人たちは突然いなくなります。

大勢が動くと、その人のすることはコロコロ変わり、継続的なことができません。

逆に、信じる一人の人に認めてもらおうとすると、継続的なことができます。

自己肯定感は、継続しているところから生まれるのです。

自己肯定感が一瞬で上がる
33

信じる一人に、認めてもらおう。

34 自分に不都合なことを、受け入れると、上がる。

自分に不都合なことはできるだけ聞きたくない、という人が大勢います。

占いで自分によくない話を聞き流す人は、一見ポジティブシンキングでも、自己肯定感が下がります。

本当のポジティブシンキングは、自分に不都合なことも聞けます。

ポジティブシンキングの間違った解釈は、自分に対して不都合なことはなかったことにすることです。

そこは、本当は一番の伸びしろです。

自己肯定感の高い人は、不都合なことを受け入れます。

人間は、拒否して忘れようとしていることは凄く覚えています。
夫婦ゲンカをした翌日、男性は大抵、「もう昨日のことは忘れたから」と言います。
それは、朝ごはんの時に言わなくていいことです。
「忘れよう」と言っている時点で、本人は覚えています。
一方で、奥さんは「なんのこと？」と言います。
まったく忘れているのです。
あらゆることは、受け入れることで忘れられます。
拒否をすると、逆に残ってしまうのです。

自己肯定感が一瞬で上がる
34

不都合なことを、受け入れよう。

35 憧れの人にならなくていい。理想を持つことで、成長できる。

中谷塾の塾生から「『あなたは中谷さんにはなれないから』と家内に言われたんですけど、僕、塾に来ていいんでしょうか」と聞かれました。

ベストセラーも書いていて、まじめな人です。

僕は「なる必要は、ないじゃない」と答えました。

僕も『君は竹村健一になれるか』を読んで、竹村さんにはなれませんでした。

中谷彰宏のままで、竹村さんから教わったことがたくさんあるので、それでいいと思っています。


理想の人を持たないのは、現状から進まないので、自己肯定感が上がりません。

理想の人を持つことで少しでも近づこうと思い、その人から何かを吸収することによって、自分オリジナルブレンドをつくればいいのです。

勉強して「まだ自分は憧れの人との距離が遠いな」とわかってくるのが、進んでいる証拠です。

勉強しないうちは、憧れの人と自分は近そうに感じます。

勉強すればするほど、憧れの人との距離が遠いとわかるのです。

自己肯定感が一瞬で上がる 35

吸収して、自分ブレンドをつくろう。

36 評判とお金は、コントロールできない。意欲と決断は、自分でコントロールできる。

どれだけ儲けるか、どれだけ評判をよくするか、どれだけ出世するかは全部見返りです。

相手が決めることです。

自分で評判をよくすることは不可能です。

意欲と決断は、自分でコントロールするものです。

自己肯定感を上げるためには、評判とお金に注いでいるエネルギーの１００％を意欲と決断に注ぎます。

評判とお金に１００％のエネルギーを注いで、意欲と決断を放棄したり、ネットで見た点数で誰かに評価を決めてもらうという形になると、自己肯定感がどんどん下がるのです。

自己肯定感が一瞬で上がる

36

意欲と決断に、エネルギーをまわそう。

37 他人に決めてもらうと、下がる。自分で決めると、上がる。

人に決めてもらうと自己肯定感は下がります。

人に決めてもらおうと思うのは、ラクをしたいからです。

自分で選んではずしたらショックが大きいから、人に選んでもらうのです。

自己肯定感の高い人と低い人の差は、レストランに入ってメニューの選び方が早いか遅いかです。

自己肯定感の高い人は、早く決めます。

遅い人は、「ちょっと待って。みんなは何にするの？」と言ったり、お店の人に「オススメは？」と聞きます。

ウーンと悩んで、やっと頼んだと思ったら「待って。このページ見てなかった」と、はずれることを恐れます。

成長は、はずして覚えることから始まります。

自己肯定感の高い人は、メニューを全ページ見ないで、1つ見たら「これ」と決めます。

自己肯定感の低い人は、損をしたくないから比較で選ぶのです。

僕は、20代の広告会社時代、CMのオーディションをしてきました。

コンテストでもオーディションと同じ選び方をします。

比較ではなく、この一人があるかないかしか見ません。

一般的に、コンテストは比較競争です。

オーディションのスタンスで、「この人は今回の企画に合う、合わない」と決めるから一瞬で判断します。

レストランに行った時も、一番最初に見たメニューがデミグラスオムライスなら、「これ」と決めるので、ほかを見る必要がありません。

メニュー表をめくった時に「あ、これもあったか。やられた」でいいのです。

即決めるという潔《いさぎよ》さを持つと、正解率が上がります。

みんなの意見を聞けば聞くほど、正解率が下がります。

それで、よけいに迷います。

「そっちの方がよかったな」と後悔したり、「みんなはどっちにするのかな」と、みんなが注文する方に揺らぎます。


たとえば、飛行機の機内食のメニューを見て、「よし、チキンにしよう」と思いました。

自分の順番が来るまでみんなが「ビーフ」と言っているのを聞いて、気持ちが揺らぎました。

いざ自分の番で「ビーフ」と言うと、「すみません、ビーフは売り切れました」と言われました。

この時、凄い損した感が起こります。

最初はチキンに決めていたから、なおさらです。

自己肯定感を上げるためには、ふだんの生活から、パッと目についたメニューで「これ」と決める習慣をつけておけばいいのです。

自己肯定感が一瞬で上がる
37

「目に飛びこんで来たもの」にしよう。

38 感情は、自分で選んでいる。

その出来事が「ハッピーか、アンハッピーか」は、自分で選んでいるのです。
たとえば、頼んだメニューが大ハズレだとします。
その時に「超ウケる」と思う人は、自己肯定感が上がります。
ハズレのメニューを頼んだことによって「ウケる」かどうかは、自分が選んだ感情です。

感情は、他者が与えることはできません。

全部自分で選ぶものです。

ハッピーかアンハッピーかは、自分でどちらか好きな方を選べばいいのです。

これは、事実とは関係ありません。

ハズレを選んでも、「ウケる。これ、ネタできたよね」と楽しめばいいのです。
おいしいものを食べたら、ネタになりません。
「何これ?」というハズレのものの方が面白いネタになります。
おいしいものの写真は、みんな同じです。
それでは面白くないのです。

自己肯定感が一瞬で上がる 38

「楽しむ」と、決めよう。

39 他者攻撃は、下がる。他者称賛することで、上がる。

他者承認を求める人は、他者承認が得られないと他者攻撃に走ります。

「私がほめてもらえないなら、ほかのほめられている人を潰《つぶ》そう」という作戦になるのです。

他者攻撃をすればするほど、他者攻撃している自分に対して自己肯定感が下がります。

「そんなに他者攻撃しない方がいいよ」と言われても、ピンと来ないのです。

他者攻撃されている人には味方がついて、自分の味方もそちらへ流れます。

結果、「自分は嫌われている。どういうこと？」ということになるのです。

他者攻撃をしている自分も自己肯定感が下がります。

その後、今よりもっと下がる現象も起こるのです。

「誰かを下げれば、自分が上がる」というのは、間違った思い込みです。

誰かを上げれば、自分も上がるのです。

人との比較ではありません。

誰かを下げたら、結果、自分も一緒に下がるのです。

自己肯定感を上げたければ、他者攻撃よりも、他者称賛をすればいいのです。

情報化社会は、他者攻撃が起こりやすい社会です。

そんな中で、他者称賛をすることによって自分自身の気分が上がります。

まわりの人も「悪口の流れを誰か変えてくれないかな」と思っています。

そこで「そういうところがあの人のいいところなんだよね」と言うと、みんな乗りやすいのです。

これは**「リクライニングシートの法則」**です。

新幹線の中で、前の人が黙って椅子を倒してくることがあります。

しかも、お弁当を食べている最中です。

ムッとしますが、前の人には復讐できません。

それで後ろの人に同じことをします。

自分のところも狭くなっているので、できるだけ後ろの人間がビックリするように、バーンと倒すのです。

「ワーッ」とか言われると、「よしよし」と、自分が上がった気持ちになるのです。

そんな時は、突然、感じのいい人になって、後ろの人に「すみません、倒していいですか」と言うことが、前の人への最高の復讐です。

そこから後ろは、いい空気になって、前の人も反省するという流れになるのです。

自分が攻撃されても、「嫌われている」と思わなくていいのです。

攻撃は、うらやましさの裏返しです。

嫌われている人にはかかわりたくないので、攻撃しません。
人間は、自分より下の人間は攻撃しないのです。
攻撃されるのは、自分の方が相手より上にいるからです。
「嫌われている」ではなく、「うらやましがられている」と考えておけばいいのです。

自己肯定感が一瞬で上がる
39
他者攻撃より、他者称賛をしよう。

第4章

他者否定は、スルーできる。

40 嫌われないようにすることで、下がる。

「私は他者承認をひとつも求めていません。ただ、他者否定をされたくないだけなんです」と言う人がいます。

これは他者承認と同じです。

他者否定をされても涙ぐむ必要はありません。

「他者否定をされたくない」というのは、「どうしたら嫌われないか」と立ちまわることです。

実際は、嫌われないようにしている人が「なんかあの人ね……」と、一番嫌われるのです。

早く帰ると嫌われるからと、三次会の最後のカラオケまでつきあった人でも、

「あの人、なかなか帰らないよね」「ホームパーティーでも最後までいるよね。なんで家族とあの人だけ残ってるんだろう。帰れとも言えないし」と言われたりします。

自己肯定感が一瞬で上がる
40

他者否定を恐れない。

他者否定を恐れないことです。

他者否定をされても、どうということはないのです。

他者否定をする人は、影響力を持っていません。

それよりは、自分の信じる人に認めてもらうことです。

信じる人は、頑張っていることがわかるから否定しません。

他者否定は、下から上にしか起こりません。

下から言われることを気にする必要はないのです。

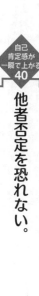

41 違う意見は、自分の否定ではない。

情報化社会は、同意を求める社会です。

「いいね！」は、同意です。

「これってすてきじゃない？」と、同意を求めるのです。

大阪では、「これ買《こ》うてん。何ぼや思う？」と買った服を見せると、相手は「見た見た。あんた、安い方、買うたん。やっぱりチンケやわあ」と、ズバッと言ってくれます。

それで仲よしでいられるのです。

ネットの中でこれを言うと、炎上です。

ネットでは、違う意見を自分の否定に感じるのです。

違う意見は、否定ではありません。

単に意見が違うだけです。

社内の会議では、上司と同じ意見を言うことを求められます。

「私はちょっと違った見方をしています」と言うと、「オレを否定するのか」と、ムッとされます。

「それはない」とは言っていません。

「こんな見方もできますよ」「こんなアイデアもありますよ」と、違うアングルから意見を言っているだけです。


自己肯定感の低い人は、違う意見を言われた時に、自分を否定されたと感じます。

「同意しないということは、否定だろう」と言うのです。

「同意」と「否定」の1軸しかないのです。

自己肯定感の高い人は、こういう手もありますよ、ああいう手もありますよという形で、360度、千手観音の手が出ています。
アイデアを足して、広げて、乗っかっているのに、自己肯定感の低い人はそれを否定ととらえてしまうのです。

自己肯定感が一瞬で上がる 41

「反論」イコール「アイデア協力」と、考えよう。

42 命令と受けとると、下がる。提案と受けとると、上がる。

「上司が命令ばかりするんです」とこぼす人がいます。

上司は「これをもっとこうしたらよくなる」という提案をしているのです。

それを「私が書いた企画書に難クセつけて、直せと命令してくる」と言うのです。

この人は「命令」と「提案」の区別がついていません。

たとえば、レストランで、お店の人に「今日の料理いかがでしたか」と聞かれました。

ここで「ちょっとポーションが大きいので、ハーフサイズがあるといいな」と言うのは、明らかにクレームではありません。

ところが、これをクレームととらえる人がいるのです。

ある業界の講演で、「現状はこうなっている。ポテンシャルとして、もっとこうすれば、この業界は伸びる。この部分は大昔にとどまっていて今の時代にはそぐわないから、改善した方がいい。ここに伸びシロがたくさんある」という話をしました。

そうしたら、「中谷さんは、この業界の悪口を言った」と受け取られたのです。

これは話す側の問題ではなく、受け取る側の問題です。

命令ではなく、提案と受け取れるかどうかです。

自己肯定感の高い人は、命令も提案だと思っています。

たとえ言っている側が命令のつもりでも、聞く側は提案と思えばいいのです。

素直に聞いているのだから、差しさわりは何もないのです。

自己肯定感が一瞬で上がる 42

命令ではなく、提案と受けとめる。

43 悔しい思いの数だけ、人間として強くなる。

「悔しいことばかりなんです」と言う人がいます。

悔しいことが自己肯定感を下げるのではありません。

悔しいことの数だけ強くなります。

悔しいことをたくさん体験すればいいのです。

ありのままの自分を受け入れることは、「現状のままでいい」ということではありません。

自分のできるところまでやってみます。

自分の人生をどう生きるかは好き好きです。

「私はこれでいいんです」と言う人は、その生き方でいいのです。

昨日より今日、今日より明日、成長したいと思う人は悔しい思いがあればあるほど、強くなっていきます。

成長には、

① 進む

② 強くなる

の2つがあります。

たとえ進んでいなくても、強くなっていることが大切です。

たとえば、失敗したり、お客様からクレームを言われたり、知らない人に話しかけることで強くなります。

現代人は、知らない人からの電話に圧倒的に弱いです。

子どもの時から、電話は知っている人しかかけてこなかったり、誰からかかってきたかがわかるからです。

会社のカスタマーセンターには、知らない人から、半ば怒り状態で電話がかかってきます。
その電話に出るのが怖いから辞める、という人が多いのです。
悔しい思いをしたら、ポイント制で貯まったと考えればいいのです。

自己肯定感が一瞬で上がる
43

悔しいポイントを、貯めよう。

44 臨機応変とは、神様を信じることだ。

人間関係が苦手な理由は、臨機応変な対応ができないことです。

たとえば、ホテルで結婚式の宴会係は、ひたすら変更との戦いです。

結婚式は決定権者が多いのです。

新郎新婦本人の最初の打ち合わせでは、新郎のしたいことが1個ぐらいで、ほぼ新婦さんがしたいことで決まります。

今度、新郎の母が打ち合わせに来ると、「○○がないと伺《うかが》ったんですけど、普通これは、結婚式ではあるものなんじゃないんですか」と、文句を言います。

その次に、新婦の母が打ち合わせに来ると、「この金屏風《きんびょうぶ》はいらない」と言います。

新郎新婦が2回目の打ち合わせに来ると、「金屏風がなくなっているんですけど、どうなっているんですか。お願いしましたよね。お迎えとお見送りの時には金屏風がないと困ります」など、変更の嵐です。

この調整をするのが宴会係なのです。

ここで臨機応変さが求められます。

ウエディングドレスのデザイナーは、何回も打ち合わせをして選んで、サイズ合わせや仮縫いをします。

結婚式の3日前に電話が来て「やっぱり……」という言葉が一番怖いそうです。

「今から変更？　これまでの打ち合わせはなんだったんだろう」と思いながら、お客様の希望どおりに変更します。

これが臨機応変力です。

変えてよかったと思える人は、神様を信じています。

臨機応変は、神様が「こっちにした方がいいよ」と言ってくれている、究極のことです。

その人が、神様を信じているかどうかの分かれ目です。

たとえば、ごはんを食べに行こうと誘って、「○○が食べたい」と言われてお店を予約しました。

当日、そのコに「今日、お昼に○○食べちゃった」と言われて、

「今日、○○食べに行くって言ってたよね」

「でも、食べちゃったから、何かほかのものがいい」

という展開になっても対応できるということです。

「007」シリーズの映画にしても、トム・クルーズの映画にしても、みんな臨機応変の話を描いているのです。

予定を変更した時は、予定どおりという顔でいることが大切です。

中谷塾の遠足は、雨天決行です。

台風の日に、「台風の目で晴れたかな」というくらい直撃のところが集合場所でした。

雨がドーッと降ったと思ったら、ドーンと晴れて明るくなって、また雨がドーッと降りました。

それでも全然平気な顔で過ごしました。

どんな状況になっても、それはそれで楽しめばいいのです。

自己肯定感が一瞬で上がる 44

予定変更しても、「予定どおり」という顔でいよう。

45 閉じこもると、下がる。手足を動かすことで、上がる。

トラブルに巻き込まれて落ち込むと、ほとんどの人はじっとしています。

じっとすることで、ますます自己肯定感が下がり続けます。

自己肯定感が下がっている人は、じっとして、閉じこもり、ほかの人とかかわり合いを持たず、体も動かさなくなります。

手足を動かして、人とかかわって動いている間、その人には自己肯定感が上がるキッカケが生まれます。

血流の中にクヨクヨがあり、動くことによってそのクヨクヨを流してしまうというイメージです。

ジムでは、たまっているストレスを全部吐き出しているのです。

外資系の証券マンが朝と夜に走るのも、頭の中のクヨクヨを全部流すためです。

血流の中にあるクヨクヨを全部流して、新陳代謝《しんちんたいしゃ》をよくすることで、自己肯定感が上がります。

頭だけ動かして、体や手足が動いていないと、クヨクヨは流れていかないのです。

自己肯定感が一瞬で上がる45

動こう。

46 すべての怒りは、ズレている。侮辱は、一面的な評価でしかない。

他者否定をされた場合、自己肯定感は下がります。

評価コメントをやめよう、という動きにもなっているほどです。

すべての怒りはズレています。

間違った人に、怒っているのです。

その怒っている根拠も、間違っています。

怒っている人は動転しているので、「本来、その人は関係ないでしょう」という相手にも無差別に攻撃をします。

そういう人は、自分が怒られても「私は悪くないのになんで怒られなくちゃいけないんですか。やったのは私じゃないんですから」と平気でいられるのです。

お客様からのクレームは会社に来ます。

ミスをした本人は別のところにいたり、原因は仕組みにあって人間にはない場合があります。

ミスが発生しやすい仕組みになっているなら改善が必要です。

「自分のことじゃないのに怒られている」という場合は、逆に冷静になれます。

むしろ自分のことなら凹《へこ》みます。

怒っているお客様は困っているので、助けてあげればいいのです。

「あいつは最低だ」という侮辱は、必ず一面的な評価です。

３６０度の評価で「最低」という結論は出ません。

「この人は攻撃してきているけど、１カ所を見て言っているんだな」と思うことです。

「あいつばっかりモテやがって」というのも、１カ所を見た評価です。

うまくいっているところしか見ていません。

何人にフラれてきているかは見ないで、うまくいっているところだけを見て攻撃するのです。

360度の評価ができるのは、自分しかいません。

他者評価よりも、自己評価を優先することです。

自己評価を他者評価よりももっと厳しくします。

他者評価にくじけるのは、自己評価が甘いからです。

「中谷さんはなんで緊張しないんですか」と聞く人がいます。

僕は全然緊張しません。

小学生の時から人前で挨拶する仕事ばかりしていました。

その体験量もありますが、何よりも僕の母親が怖いのです。

母親以上に怖いものはありません。

それで怖いものなしの精神力がつきました。

武田双雲《たけだそううん》さんも「母ちゃんが一番怖い。ほかは、上司も何も怖くない」と言っていました。

外からの目線で揺れ動く人は、自分自身に負荷をかけていないのです。

自己肯定感が一瞬で上がる
46

自己評価を優先しよう。

47 逆恨みをすると、下がる。感謝をすると、上がる。

破門《はもん》になった人の大半は、逆恨みします。

自分が破門になった理由を理解できないからです。

説明しても、理解できません。

破門は、学ぶチャンスなのです。

レストランでも、出入禁止になる人がいます。

どこかで出入禁止になったら、「そうか、こういうことをしたらいけないんだ」と学ぶことで、ほかのお店は出入禁止にならなくなります。

そこで逆恨みした人は、ほかのお店でも出入禁止になっていきます。

せっかくの出入禁止という機会を、学習して生かさないからです。

「ここで出入禁止にしてもらった」「破門にしてもらってありがたい。なかなか言いにくいことを言ってくれた。これまでお世話になった」と感謝できる人は、自己肯定感が上がります。

会社が早期退社の希望を募《つの》ると、「なんだこの会社は」と逆恨みする人がいます。

そういう人は再就職しにくくなります。

逆恨みするより、「これまでお世話になった。いろいろ仕事を教えてもらい、給料をもらった」ということで感謝することです。

自己肯定感は、感謝されるより、感謝することで上がります。

サービス業を選ぶ就活の学生の志望動機で、「『ありがとう』を集めるのが好き」「『ありがとう』と言われるのが好き」と言う人は多いです。

僕は、その志望動機に対して、「自分は『ありがとう』と言うの？」と疑問に思います。

「ありがとう」と言われるのは、誰だって好きです。
人から「ありがとう」と言われる前に、まず自分が「ありがとう」と言うことが大切なのです。

自己肯定感が一瞬で上がる 47

感謝されるより、感謝しよう。

48 行動を叱られただけで、自分を叱られたわけではない。

叱られると自己肯定感の下がる人がいます。

実際は、行動を叱られただけであって、自分を叱られたのではありません。

大阪では「この口が言ってるのか」と、唇をひねられます。

その人ではなく、口に憑依《ひょうい》しているものが悪いだけです。

上司が部下に「遅刻はダメだぞ」と言うのは、遅刻を叱っているだけです。

「遅刻するようなおまえはダメだ」と言っているわけではありません。

自己肯定感の低い人は、他人に対して「こういうことをしないでください」とオーダーします。

「こういうことをしないでください」と言う人には、それ以上何も答えません。納得いかないものはやめて、好きなことをすればいいのです。

お店に対して「こういうものを売らないでください」と言うよりも、買わなければいいだけです。

お客様は、ムリヤリ買わされたわけではありません。

お店に対してのクレームは、大抵「お店はほかにもたくさんあるから、来なければいいじゃん」という程度のことです。

中には、「あなたの店のカレーは辛い」というクレームもあります。

甘いカレーは、よそのお店にたくさんあります。

「エスニックの味が出ていない」というコメントもけっこう多いです。

「私がタイにいたころはこうだった。このエスニックはウソだ。日本食っぽくて薄すぎる。本当のパクチーを使ってほしい」と言う人は、そういうお店に行けばいいのです。

お店によって方針は違います。

自己肯定感の下がるお店は、お客様のクレームに揺らいでしまうことがあります。

カレーを甘くしたり、辛くしたり、甘口と辛口で何段階もつくったりします。

お寿司屋さんで、「昼間にカレーを出してほしい」と言われて、それに負けてしまうお店があります。

カレーを食べたい人は、カレー屋さんに行けばいいのです。

昼間にカレーを出すと、カレーのにおいがするお寿司屋さんになってしまいます。

お店は、お客様のクレームに揺らがないことが大切なのです。

自己肯定感が一瞬で上がる 48

「しないでください」と言わない。

49 脳は、イヤなことを忘れるように、できている。

脳は、「イヤなこと」を忘れるようにできています。

自己肯定感の下がっている人は、睡眠不足です。

「イヤなことがある」↓「眠れない」↓「自己肯定感が下がる」↓……という負のスパイラルに入ります。

寝ている間に「イヤなこと」は忘れます。

こまめにチョコチョコ寝ればいいのです。

疲れてくると、眠れなくなります。

よけいに頭の中でリセットできなくなります。

イヤなことを忘れているから、生きていけるのです。

年をとると、いい思い出が残ります。

初恋の人がきれいな印象なのは、いいことしか覚えていないからです。

人間はイヤなことを忘れるようにできているので、自己肯定感が下がっている人は、いったん寝ることです。


電車の中で目をつぶるだけでも同じ効果があります。


情報が外から入っている間は、記憶を押し流す作業ができません。

パソコンの動きが重いと言う人は、１日中つけっ放しだからです。

パソコンは、電源を落とす時に、クリーニングのようなことが行われているのです。

パソコンの動きが重くなるのは、中にいろんなものが入っているからではありません。

「パソコンはつけたり消したりすると、壊れる」という発想は、大昔の家電製品の名残です。

自己肯定感が一瞬で上がる49

イヤなことは、寝て忘れよう。

今はパソコンもスマホも、夜寝る時に1回休ませてあげると軽くなります。
電源を落とすことによって、いらないものが全部クリアされます。
人間の脳の構造もパソコンと同じです。
イヤなことは、寝ている間に忘れることが大切なのです。

50 事実は変えられないけど、解釈は変えられる。

審査員をしていると、時々、「客観的に見て、あの人が優勝なんじゃないですか」と、文句を言われることがあります。

審査員は一人ではありません。

「客観的」と言うなら、複数の審査員の審査の方が客観的です。

ここに落とし穴があります。

この人が言う「客観的」は、その人自身の意見です。

「客観」は、ないのです。

その人の主観で「あの人がよかったと思う」と言うならいいのです。

クレームを言う人は、「客観的に見て」と言いがちです。

その時点で、その人はドッボにはまっています。
「客観的に見て」の「客観」はありません。
「みんな言っています」の「みんな」もいません。
「普通」がないのと同じです。
100万人にアンケートをとっても、それは客観的事実ではないのです。

たとえば、会社のボーナスの査定は主観です。
「もっと客観的に評価してほしい」と言いますが、ムリです。
「客観的な評価はムリ」というところからスタートすることです。
事実は「客観的」と言っていることです。
事実に個々人の解釈があります。
事実は変えられないとしても、解釈は無限に変えられます。
「お見合で断られた」とか「面接で落ちた」というのは事実です。
「ということは、もっといいところに通る可能性がある」というのが解釈です。

選挙で落ちた人は、ほかにもっとしなければいけない仕事があったのです。

実現しそうだった仕事の話が立ち消えになったのは、本人が気づいていないミッションが、ほかにあることを神様が教えてくれたのです。

自己肯定感は、解釈によって一瞬で上げることができます。

「なるほど、そういうことか」と、納得するのです。

この本でずっと取り上げてきたのは、解釈を変える方法です。

自分の解釈を客観的事実と混同することで、自己肯定感は下がります。

客観的事実は、世の中にありません。

世の中に存在しないものを求めることはできないのです。

自己肯定感が一瞬で上がる50

自分の解釈を、客観的事実と混同しない。

51 実験で、イニシアチブを持てる。

僕の就職活動で、「早稲田大学第一文学部演劇学科」という専攻が、一般企業を受ける時に大きなハンデになりました。

面接官に「役者になろうと思っていたヤツが一般企業なんか遊び半分で受けるなよ」と思われるのです。

決して遊び半分で受けていたわけではありません。

同期は1クラス30人です。

面接に行くと、どこに行っても同期と会うのです。

つまり、どこに行っても1回戦どまりということです。

僕は「このまま行くと全員路頭に迷うことになる」と、危機感を持ちました。

この時点で、僕は企業を「受験」していました。

それが途中で「どこに行っても通るという方程式があるはずだ。それを見つけてやろう」という気持ちに変わりました。

「この地下帝国から自分も仲間も助けよう」という『カイジ』の気持ちになったのです。

次の日からは、僕の中で「受験」が「実験」に変わりました。

就活で志望者の立場が弱いのは、「通してもらいたい」と思っているからです。

「この会社に通るかどうかはどっちでもいい。自分は今日、方程式を見つける実験のために来ている」という意識に変わった時点で、もはや弱みはなくなったのです。


ある出版社に面接に行きました。

面接官は５人です。

「どうぞおかけください」と言われて、僕は「よろしくお願いします。ひとつ、お手やわらかにお願いします」と言って座りました。

すると、面接官の一人が「君は失敬《しっけい》だ」と、怒って出ていってしまいました。

受験ならば、落ちこむところです。

でも、こっちは実験です。

僕はメモを出して、「この手は、ないな」と書きこみました。

結果は、落ちました。

面接は5人の面接官の平均点です。

一人が零点では、ほかが満点でも通らないのです。

別の会社では青学の広告研究会の男がいて、「君、あれは損だよ」と、教えてくれました。

僕は、「そうなんだ。いいことを教えてくれてありがとう」と、お礼を言いました。

通るために行くと、蓄積がきかなくなります。

実験のために行くと、毎日、「これはいけないんだな」ということがわかっ

て、落ちても行くのが楽しくなります。

それが、やがて『面接の達人』につながったのです。

あらゆることを「実験」と考えればいいのです。

たとえば、デートで彼女の趣味に合わないモノをプレゼントしてしまったとします。

これが「受験」なら取り返しがつきません。

「実験」なら、「これは好みじゃないんだ」とわかって、「次はこうしよう」と考えられます。

実験のいいところは、自分がイニシアチブを持てることです。

商品を売る時も、受験で行って売れなかったら、「私はもう終わった」と、ガックリします。

実験なら、「これはないんだな。ということは、今度はこうしよう」ということになります。

売れたら売れたで、「もっと売れるように、こうしてみよう」と思えるのです。
意識は常に「受験」と「実験」の２通りに分かれます。
「実験」で生きることで、自己肯定感が上がっていくのです。

自己肯定感が一瞬で上がる 51

受験より、実験しよう。

52 弱点で愛される。

アニメの主人公は、短所があります。


高橋留美子さんの『うる星やつら』の主人公、諸星あたるは女好きです。

ラムちゃんは超かわいくて、あたるにベタボレなのに、ヤキモチやきです。

あたるがまじめで、ラムちゃんがガマンするタイプでは、このマンガは少しも面白くないのです。『うる星やつら』のベースは、神話です。

万能の神ゼウスは、超・女好きです。

娘だろうが、男の子だろうが、見境なしです。奥さんからして、妹のヘラです。

ヘラは超ヤキモチやきです。

この設定自体が神の話ではなく、もはや人間の話です。

しかも、万能の神ゼウスは、好きになった女性を口説くために変身します。

万能の神だから、変身する必要はありません。

「私はゼウスだ」と言った方が通ります。

にもかかわらず、コソコソと白鳥や牛に化けています。

弱点がある神様が、愛される存在になるのです。

「私は短所があるから嫌われる」と考えることが自己肯定感を下げています。


完璧を目指しても完璧にはなれません。

完璧な人物を演ずれば演ずるほど、完璧でないところが目立ちます。

「あの人は完璧そうだけど、ここはだらしないね」と言われて、自己肯定感が下がってしまうのです。

自己肯定感が一瞬で上がる 52

短所を、愛そう。

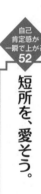

第5章

自己肯定感は、マイナスからこそ上がる。

53 難しい仕事を避けると、下がる。難しい仕事に取り組むと、上がる。

仕事には、「簡単な仕事」と「難しい仕事」があります。

経験を経ることで、「これは難しそうだ」と事前にわかるようになります。

新入社員には、難しい仕事と簡単な仕事の区別がつきません。

10年ぐらい続けている人は、「これは簡単で、これは難しい」とわかります。

そこで簡単な仕事をとっていけばいくほど、自己肯定感は下がります。

簡単な仕事だと思っていても、途中から複雑になったり、トラブルに巻き込まれることもあります。

最初から難しいとわかっていれば、難しくても仕方ないと思えるのです。

「私は難しい仕事をしています」と抽象的に言う一方で、「苦手な人は勘弁してください」と、急にリアルになる人がいます。

苦手な人から、逃げないことです。

苦手な人から逃げれば逃げるほど、自己肯定感は下がります。

苦手な人のフトコロに飛び込んでいくと、自己肯定感が上がります。

より難しいことをするのは、他者評価を得ようとするためではありません。

自己肯定感が上がるのです。

めんどくさいこと、難易度の高いことをすると、脳の中でヤル気スイッチが入ります。

失敗しても、もともと難しかったということで諦めがつきます。

簡単な仕事をしくじる方が、プレッシャーは大きいです。

「こんな簡単な仕事を、何しくじってるんだ」と思われるからです。

簡単な仕事をいくらこなしても、自己肯定感は上がりません。

難しい仕事は、たとえ20%しかこなせなくても、自己肯定感を上げるポイントの蓄積になるのです。

自己肯定感が一瞬で上がる
53

苦手な相手と、戦おう。

54 便利は、下がる。不便は、上がる。

便利なことをすると、自己肯定感は下がります。

便利にすればするほど、不便さが目立つのです。

今は量販店で電気製品を買って、「１週間後にお届けします」と言われると、「エッ、ネットで頼んだら今日着くぞ」と、ムッとします。

少し前までは１週間かかっても平気でした。

１時間後に着くというサービスが出てきた瞬間に、突然「遅い」となったのです。

学生時代に、生協で本を注文した時は、届くまで２週間かかりました。

今は、ネットでポチリとしたら、すぐにピンポーンと鳴るぐらいです。

ドローンがポンと飛んでくる時代です。

便利さを追求すると、自己肯定感が下がるだけです。

不便なことをしていると、自己肯定感が上がります。

僕の靴はオーダーメイドではなくても、「これ、下さい」と言うと、「今からつくるのでお渡しは2カ月先です」と言われます。

「それだけかかるなら、せっかくだから2足にします」と言ったら、「4カ月先です」と言われて納得しました。

1カ月に5足しかつくれないからです。


不便というのは、コツコツした作業です。

うまくいった人は、派手なところだけが見えて、コツコツしているところは気づきにくいので、「あの人は運でうまくいった」と言われがちです。

他者のコツコツを理解できないと、自分もコツコツをしなくなります。

「淡々、コツコツ」を「ストイック」と言います。

ストイックにしていくほど、自己肯定感が上がります。

これが職人さんの世界なのです。

ストイックにすることは長期戦です。

長期戦になるほど、自己肯定感は上がります。

短期戦になるほど、自己肯定感は下がります。

詐欺に引っかかる人は、短期戦で「すぐ儲かる」「1年で10億儲かる」という話に乗ってしまうのです。

「今契約しないと」と言うのは詐欺の常套《じょうとう》手段なのに、焦る人はそれに乗って短期戦に巻き込まれます。

詐欺師は、自己肯定感が下がっている人を常に狙っているのです。

自己肯定感が一瞬で上がる 54

コツコツ、淡々としよう。

55 人から、うらやましがられていることに気づく。

どこでも反省会のようなことがあります。

学校は反省会が多いのです。

僕は教育委員会で、「職員会議で朝一番に『何か問題ありませんか』から始めるのはやめませんか」と提案しました。

一日が問題ありきから始まっているのです。

もちろん、何か問題があれば、考えることは必要です。

でも、一日の始まりは、いいニュースを聞いた方がいいのです。

企業の研修でも、「問題点は改善していこう。だけど、その前に最近うまくいったことをみんなで共有しよう」と言いました。

なかなか手は挙がりません。

「小さなことでいいです」と言うと、「こんなことでいいんですかね」と言って、一人が手を挙げました。

本当に小さいことでしたが、僕は「よかったじゃん」と言いました。

別の人が「あんなことでいいなら、私もこんなことがありました」と言いました。

それは大きいことでした。

みんなのフォーカスが、そこに集まったのです。

業界のパーティーでは、「きついですね」「不景気ですね」という話しか出てきません。

それは問題点から立ち上がっています。

たいていの会議は、問題点を議論しているうちに時間が来て、「気をつけるように」で終わります。

これで自己肯定感が下がるのです。

その集団は「何かうまくいっていない」という空気ができ上がります。

反省することは大切ですが、うまくいかなかったところから始めると、うまくいくところへ行く元気がなくなります。

ダメだったところより、よかったところから始めた方がいいのです。

自分がピンチの時は、「みんなに疎《うと》ましがられている」という思い込みがあります。

ピンチに感じる時は、うらやましがられています。

それは渦中《かちゅう》にいるとわかりません。

離れたところから見ると、うらやましがられている状況がわかるのです。

自己肯定感が一瞬で上がる
55

ダメだったところより、よかったところを見つけよう。

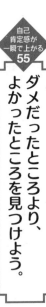

56 好きなことをすると、痛みを忘れる。

痛みは、感覚ではありません。

痛みは、感情です。


好きなことをしている時は、痛いことを忘れられます。

もし感覚なら、何をしても痛いままのはずです。

好きなことをしていれば忘れるということは、選べる感情なのです。

イヤなことも、選べるのです。

たとえば、つらい思いをしたことは、心の痛みになります。

「それを忘れない」「これを見ないで」「もう忘れる」というのは、心の痛みにフォーカスしている状態です。

「こっち側に楽しいのがあるよ」と目線をそらした瞬間に、その人は痛みを忘れられるのです。

感想欄に「ここが面白くなかった」と書く人は、面白いことと面白くないことの両方は書いていません。

面白くないことばかり書いています。

「ここが面白かった」と言う人は、面白いことばかり書いています。

アンケートには、「面白かったこと」「今日、来てよかったこと」を書きます。

「気づいたことを書いてください」とあると、「重箱の隅をほじくればいいんだな」と考える人がいます。

これは、アンケートに書いてある文言が悪いです。

「気づいたこと」は、「今日、来てよかったこと」と解釈すればいいのです。

そうすると、「今日、来てよかった」「してよかった」という結論から入って、その理由を探します。

正解はどちらかと考えるのではなく、自分が選んだ方を正解にしていけばいいのです。

自己肯定感が一瞬で上がる
56

選んだ方を正解にする努力をしよう。

57 セールスですると、下がる。親切ですると、上がる。

ゴキゲンでいると、自己肯定感は上がります。

不機嫌でいると、自己肯定感は下がります。

自己肯定感が上がるからゴキゲンなのではありません。

ゴキゲンだから、自己肯定感が上がるのです。

ゴキゲンと不機嫌の境目は、親切かセールスかです。

親切をする時は、お金の見返り、賞賛、感謝は考えていないので、ゴキゲンになります。


セールスは、自分で契約をとれるかどうかがわかりません。

こんなに相手に優しくしてあげているのに、契約してくれなかった、損したという気持ちが出てくるので、セールスは不機嫌になるのです。

ゴキゲンなことがあるからではなく、何もない時にゴキゲンでいることが、自己肯定感の上がるコツなのです。

自己肯定感が一瞬で上がる 57

何もない時に、ゴキゲンでいよう。

58 「0か、100か」は、下がる。「まず1」が、上がる。

「好き、好き」と言っていたと思ったら、コロッと「あの人は最低」と言う人がいます。

これが情報化社会です。

情報化社会は、0か100かになりがちです。

ゴシップ記事を読んだり、ワイドショーを見て芸能人に言うなら、自分と関係ないから、まだいいのです。

上司に対して、「あの人はいい」「あの人はダメ」と言う人がいます。

それは上司を0か100かで判断しています。

その場合、たいていは0です。

1カ所でも問題があると、「あの人は0」と言うのです。

それをしていると、まわりの人は全員0になります。

やがては自分も0になります。


誰でも100点満点のうち1点ぐらいはとっています。


ダメ上司のいいところを1つ見つけます。

自分がダメ部下でも、頑張っているところを1つ見つけます。

「1」が入ると、必ず「2」が入るのです。

これはコンビニの「かご理論」です。


コンビニで買いたいモノを1個見つけると、かごを取りに行きます。


コンビニの100円おにぎりは、儲けはほとんどありません。

それでも売るのは、おにぎりが1個売れると、ついで買いで、ほかのモノも売れるからです。

100円ショップにも赤字の商品があります。

100円ショップで1個だけ買う人はいません。
1個買うと、2つ3つ買ってしまいます。
原価率はバラバラです。
「なぜこれが100円?」と思うモノは、本当は原価が高いのです。
回転寿司も同じです。
全体でお店の利益が上がるようにできているのです。
人間の判断も、0か100かではありません。
他者に対しても、自分自身に対しても、まず、「1」を見つけます。
それが自己肯定感になるのです。

自己肯定感が一瞬で上がる58

0か100かではなく、1を持とう。

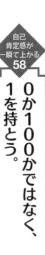

59 取りこぼしがあることが、品格になる。

子どものころ、１００点満点のテストで98点を取ると、母親に「何を間違ったの」と、怒られました。このマイナス2点を怒るのです。

宮藤官九郎《くどうかんくろう》さんのドラマ『いだてん』で、日本水泳チームはロサンゼルス・オリンピックで全員が金メダルを取ることを目指していました。

結果は、１種目だけ金メダルを取れませんでした。それでも凄い結果です。

主人公の田畑政治が帰ってきて悔しがっていると、麻生久美子さん演ずる菊枝が、「全部取らないのが、品格です」と言いました。これは名言です。

僕は、「これをどうして子どもの時に母親に言えなかったのだろう」と思いました。98点は品格で、１００点はイヤらしいのです。

「完璧」は西洋の美意識です。

日本の美意識ではありません。

宮大工《みやだいく》さんも、どこかをひっくり返したり、完璧でないところを残します。

他者に対して完璧を求めると、それがいつの間にか自分自身に返ってきます。

抜けているところがダメなのではありません。

ポッコリ抜けているのが奥ゆかしく、品格があるのです。

それが人間のかわいらしさでもあります。

取りこぼしがあった時に、「本来は取れたはずなのに、なんでここでポカをやったのか」と、クヨクヨしなくていいのです。

満点を取れなくても、それが奥ゆかしさになるし、自分自身の伸びシロも感じます。

自分自身にストイックでありながらも、完成させない日本人の美意識が自己肯定感を上げていくのです。

完成させると下り坂しかありません。未来がないのです。

未来を少しでも残すことが大切です。

テーマパークで乗れなかったアトラクションがあれば、それでいいのです。

男性はまじめなので、海外旅行に行くと、名所旧跡を全部まわるようにスケジュールを組みます。

一緒に行った女性が「ちょっと休みたい」と言うと、「ふざけるな。ここで休んだら後の行程が全部グダグダになるじゃないか」と、怒り出します。

「０か１００か」の発想で、スケジュールどおりにならないと、「好きにしろ。１日寝てろ」と言うのです。

こういう夫婦ゲンカは、新婚旅行でけっこう多いです。

全部しないで残しておくことが、品格になるのです。

自己肯定感が一瞬で上がる59

完璧を求めない。

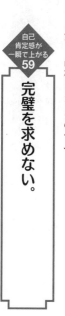

60 「たっぷりある」と考えると、たっぷり使える。

「時間がないこと」を「忙しい」と言います。

サッカーの試合で、今までなかった新しい発想はアディショナルタイムです。

アディショナルタイムから2点入ることがあります。

それで負けたりすることを日本人は教わったわけです。

サッカーでアディショナルタイムが3分ある時、「たっぷりある」と感じられると、その時間をたっぷり使えます。

「3分しかない。なんとか逃げ切ろう」という気持ちでいると、自己肯定感が下がります。

勝っている試合をこのままの点数差で逃げ切ろうとすると、ひっくり返されます。

守りに入ることが、自己肯定感を下げるのです。

観客にとって一番つまらない試合は、スコアレスドロー（０対０）です。両者が守りに入ると、観客からペットボトルを投げ込まれたりします。

０対０よりは、２対２の方がいい試合です。

もっと言うと、２対４で負けた方が、０対０の試合よりいいのです。攻めているから、自己肯定感が上がります。

０対０の引き分けを続けるチームは、どんどん弱くなります。

自分の中でも、「守っていこう。０対０と２対２なら０対０の方がいい。点数を取られたくない」と考えないことです。

「相手に点を取られたら、それ以上取ればいい」という気持ちでいればいいのです。

サッカーでも野球でも、「今日は何点まで取られても大丈夫」と考えて試合に臨むことです。

野球の場合、ピッチャーは「今日は何点まで取られていい」というイメージで試合をするから勝てるのです。

経営に関しても、「いくらまで赤字が出てもいい」という覚悟を持つことです。

赤字ゼロでなんとかしたいと思うと、よけいにうまくいかなくなるのです。

自己肯定感が一瞬で上がる60

0点で抑えようとするより、「何点まで、大丈夫」と考えよう。

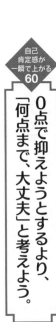

61 イヤな人には、「この人は、これで損してるだろうな」と、同情する。

ズルいことをして得している人を見ると、「まじめにやっている自分は損だ」と思います。

違います。

その人はその人で、こちらからは見えない所で損をしているのです。

たとえば、タクシーをおりる時に、メーターがカチャッとまわります。

「変わる前のメーターの料金でいいですよ」と言う運転手さんがいる一方で、変わったばかりのメーターの料金を平気で請求する運転手さんもいます。

その運転手さんは「1メーター分、得した」と思っています。

ムッとしたお客様は、ムッとした空気を車内に残します。

それが、後から乗ってきたお客様をムッとした気分にさせて、トラブルのもとになるのです。

僕は航空会社の研修をしています。
クレームが少ない時は、機内販売の売上げが上がります。
本来、クレームと機内販売は別モノです。
それが、クレームがあると機内販売は売れないのです。
それは買い物をする空気ではなくなるからです。
機内販売を増やしたければ、まず、クレームを減らすことです。
そのためにどうするかというアドバイスをします。
売れると楽しいので、売っている人の自己肯定感が上がります。
売れないと楽しくないので、自己肯定感が下がります。
下がると、ますます売れなくなります。
売っている人が楽しんでいるかどうかで、まったく変わってくるのです。

ズルいことをする人がいたら、「この人はこれで損しているだろうな」と、同情すればいいのです。

その時に自己肯定感が上がります。

攻撃してくる人に反論すると、巻き込まれて自己肯定感が下がります。

反論は、いっさいしないことです。

「あなたも頑張ってください」と言えばいいのです。

相手を許すと、スルーできます。

反論すると、スルーできません。

スルーしながら反論はできないのです。

自己肯定感が一瞬で上がる 61

攻撃する人には、「あなたも頑張って」とスルーしよう。

62 徹底的にすると、すっきり諦められる。

諦め切れない人は、自己肯定感が下がります。

諦め切れないのは、徹底的にしていないからです。

中途はんぱにしたことは、諦め切れないのです。

諦めがつくまでやり尽くすことです。

「これでダメだったら納得」というところまですれば、きれいに諦められます。

中途はんぱなやり方をすると、「あれ、もう少しこうしておけば、あそこでなんとかなったかな」ということが起こります。

「これをしたらうまくいかないだろう」と考えて、うまくいくことだけをしていると、諦められません。

諦められる人は、うまくいくことだろうが、うまくいかないことだろうが全部します。

そうすると、きれいさっぱり諦められます。

これが自己肯定感を上げるのです。

「離婚してすっきりした」と、自己肯定感の上がる人は多いです。

結婚よりも離婚の方が、自己肯定感が上がります。


僕は「会社を辞めます」と上司に言った時に、「この話はまだ言わないで」と口どめされました。

転勤の辞令が出た時に、「転勤は受け入れられません。それはサラリーマンとして失格なので辞めます」と言って、28歳で独立しようと即、表参道に事務所を借りたのです。

僕がＯＢ訪問を受けた、1年下の仲のいい後輩とすれ違った時に「おうッ」と言うと、「中谷さん、辞めるんですか」と聞かれました。

僕が「誰に聞いた？」と聞くと、彼は「やっぱり」と言いました。

上司が話したのかなと思ったら、「中谷さん、顔がにやけすぎです。絶対バレますよ」と言われました。

僕はあまりのうれしさに、顔がにやけていたのです。

諦めるというのは、今までしがみついていたものを手放すことです。

何かを手放した瞬間は、せいせい感があります。

家の中の捨てられなかったモノを捨てた瞬間も、自己肯定感が上がります。

片づけは、自己肯定感が上がります。

自分にとって意味が大きいものであるほど、それを手放すことですっきりします。

悪いモノは、みんなが手放したいと思っています。

いいモノや成功体験を手放しても、せいせいします。

持ち物が少ないのは、その人のしがらみが少ないということです。

しがらみの少なさが、自己肯定感を上げます。

悪いモノばかりでなく、いいモノもその人を縛る鎖《くさり》になります。

お金も多いと、しがらみになるのです。

生活するためには、お金がないと困ります。

借金しないでぎりぎり生きていけるようにまわす方が、自己肯定感が高いのです。

「もっと貯金があると自己肯定感が上がるに違いない」という考えは、思い込みにすぎないのです。

自己肯定感が一瞬で上がる
62

悔いの残らない諦め方をしよう。

63 探すと、下がる。つくると、上がる。世界で一番楽しい場所は、今いる場所。

正解は、探してもありません。
自分探しをしても、見つかりません。
探せば探すほど「違う。どこにもない」となります。
幸せの青い鳥を探すのと同じです。
そのマイナスは、自己肯定感が下がることです。
正解は、つくるものです。
自分でつくるものです。

「どこかに楽しい仕事があるはずだ」と探す人は、転職を繰り返します。「楽しそうに見えたけど、思っていたのと違う」「TVドラマと違う」と、文句を言います。

「TVドラマでは、ホテルコンシェルジュは、もっと楽しい仕事だった。こんなんじゃない」「編集者の仕事は、もっと楽しいはず。ちょっと違う」と言う人は、結局、正解を探しまわっているのです。

ここでのミスは、探すという行為です。

絵心のない人は、絵になる景色を探します。

僕は父親に「気持ちいいところに座ればいい。描いている間、気持ち悪いとイヤだから。座ったところの美を探せばいい」と教わりました。

その教えがあるから、僕は子どもの時からTVのチャンネルは変えません。

妹がチャンネルをパラパラ変えるTVも、見続けられます。

放送大学も「これはこれで面白いな」と味わいます。

近くに置いてあるチラシでも、「このチラシ面白いな」と楽しめます。

場所も同じです。

「世界で一番楽しい場所は、どこにあるんだろう」と探すことより、「今、ココ」をどう面白がるかです。

素敵な相手と結婚するのではなく、結婚した相手をいかに素敵にしていくかが大切です。

仕事も、天職を探すのではなく、今している仕事をいかに天職にしていくかです。

機内食でみんなが選んだビーフがなくて、残ったチキンを食べた時は、「チキンで正解。これはCAさんたちが食べたいから、操作してチキンを残したんだ」と考えます。

いかに自分の決断が正解だったかという理由を、10でも20でも徹底的に挙げることです。

どこか楽しい場所を探そうとすると、自己肯定感は下がります。

今、世界で一番楽しい場所は、今いる場所です。

「よくなりそうな場所を探す」のではなく、「今いる場所が一番楽しい」という状況にすればいいのです。

自己肯定感が一瞬で上がる 63

「どこか、楽しい場所」を探さない。

文庫『いい女練習帳』
文庫『男は女で修行する。』

【リベラル社】
『１分で伝える力』
『「また会いたい」と思われる人「二度目はない」と思われる人』
『モチベーションの強化書』
『50代がもっともっと楽しくなる方法』
『40代がもっと楽しくなる方法』
『30代が楽しくなる方法』
『チャンスをつかむ 超会話術』
『自分を変える 超時間術』
『問題解決のコツ』
『リーダーの技術』
『一流の話し方』
『一流のお金の生み出し方』
『一流の思考の作り方』

【ぱる出版】
『粋な人、野暮な人。』
『品のある稼ぎ方・使い方』
『察する人、間の悪い人。』
『選ばれる人、選ばれない人。』
『一流のウソは、人を幸せにする。』
『なぜ、あの人は「本番」に強いのか』
『セクシーな男、男前な女。』
『運のある人、運のない人』
『器の大きい人、器の小さい人』
『品のある人、品のない人』

【学研プラス】
『読む本で、人生が変わる。』
『なぜあの人は感じがいいのか。』
『頑張らない人は、うまくいく。』
『セクシーな人は、うまくいく。』
『美人力』(ハンディ版)
文庫『見た目を磨く人は、うまくいく。』
文庫『片づけられる人は、うまくいく。』
文庫『怒らない人は、うまくいく。』
文庫『すぐやる人は、うまくいく。』

【ファーストプレス】
『「超一流」の会話術』
『「超一流」の分析力』
『「超一流」の構想術』
『「超一流」の整理術』
『「超一流」の時間術』
『「超一流」の行動術』
『「超一流」の勉強法』
『「超一流」の仕事術』

【水王舎】
『なぜあの人は「美意識」があるのか。』
『なぜあの人は「教養」があるのか。』
『結果を出す人の話し方』
『「人脈」を「お金」にかえる勉強』
『「学び」を「お金」にかえる勉強』

【あさ出版】
『孤独が人生を豊かにする』
『気まずくならない雑談力』
『「いつまでもクヨクヨしたくない」とき読む本』
『「イライラしてるな」と思ったとき読む本』
『なぜあの人は会話がつづくのか』

【すばる舎リンケージ】
『仕事が速い人が無意識にしている工夫』
『好かれる人が無意識にしている文章の書き方』
『好かれる人が無意識にしている言葉の選び方』
『好かれる人が無意識にしている気の使い方』

【日本実業出版社】
『出会いに恵まれる女性がしている63のこと』
『凛とした女性がしている63のこと』
『一流の人が言わない50のこと』
『一流の男 一流の風格』

【現代書林】
『チャンスは「ムダなこと」から生まれる。』
『お金の不安がなくなる60の方法』
『なぜあの人には「大人の色気」があるのか』

【毎日新聞出版】
『あなたのまわりに「いいこと」が起きる70の言葉』
『なぜあの人は心が折れないのか』
『一流のナンバー２』

【ぜんにち出版】
『リーダーの条件』
『モテるオヤジの作法２』
『かわいげのある女』

【ＤＨＣ】
ポストカード『会う人みんな神さま』
書画集『会う人みんな神さま』
『あと「ひとこと」の英会話』

【大和出版】
『自己演出力』
『一流の準備力』

【秀和システム】
『人とは違う生き方をしよう。』
『なぜいい女は「大人の男」とつきあうのか。』

【海竜社】
『昨日より強い自分を引き出す61の方法』
『一流のストレス』

【リンデン舎】
『状況は、自分が思うほど悪くない。』
『速いミスは、許される。』

【文芸社】
文庫『全力で、１ミリ進もう。』
文庫『贅沢なキスをしよう。』

【総合法令出版】
『「気がきくね」と言われる人のシンプルな法則』
『伝説のホストに学ぶ82の成功法則』

【サンクチュアリ出版】
『転職先はわたしの会社』
『壁に当たるのは気モチイイ 人生もエッチも』

【青春出版社】
『いくつになっても「求められる人」の小さな習慣』

【ＷＡＶＥ出版】
『リアクションを制する者が20代を制する。』

【ユサブル】
『１秒で刺さる書き方』

【河出書房新社】
『成功する人は、教わり方が違う。』

【二見書房】
文庫『「お金持ち」の時間術』

【ミライカナイブックス】
『名前を聞く前に、キスをしよう。』

【イースト・プレス】
文庫『なぜかモテる人がしている42のこと』

【第三文明社】
『仕事は、最高に楽しい。』

【日本経済新聞出版社】
『会社で自由に生きる法』

【講談社】
文庫『なぜ あの人は強いのか』

【アクセス・パブリッシング】
『大人になってからもう一度受けたい コミュニケーションの授業』

【阪急コミュニケーションズ】
『サクセス＆ハッピーになる50の方法』

【きこ書房】
『大人の教科書』

【中谷彰宏の主な作品一覧】

【ダイヤモンド社】
『60代でしなければならない50のこと』
『面接の達人 バイブル版』
『なぜあの人は感情的にならないのか』
『50代でしなければならない55のこと』
『なぜあの人の話は楽しいのか』
『なぜあの人はすぐやるのか』
『なぜあの人は逆境に強いのか』
『なぜあの人の話に納得してしまうのか［新版］』
『なぜあの人は勉強が続くのか』
『なぜあの人は仕事ができるのか』
『25歳までにしなければならない59のこと』
『なぜあの人は整理がうまいのか』
『なぜあの人はいつもやる気があるのか』
『なぜあのリーダーに人はついていくのか』
『大人のマナー』
『プラス1％の企画力』
『なぜあの人は人前で話すのがうまいのか』
『あなたが「あなた」を超えるとき』
『中谷彰宏金言集』
『こんな上司に叱られたい。』
『フォローの達人』
『「キレない力」を作る50の方法』
『女性に尊敬されるリーダーが、成功する。』
『30代で出会わなければならない50人』
『20代で出会わなければならない50人』
『就活時代しなければならない50のこと』
『あせらず、止まらず、退かず。』
『お客様を育てるサービス』
『あの人の下なら、「やる気」が出る。』
『なくてはならない人になる』
『人のために何ができるか』
『キャパのある人が、成功する。』
『時間をプレゼントする人が、成功する。』
『明日がワクワクする50の方法』
『ターニングポイントに立つ君に』
『空気を読める人が、成功する。』
『整理力を高める50の方法』
『迷いを断ち切る50の方法』
『なぜあの人は10歳若く見えるのか』
『初対面で好かれる60の話し方』
『成功体質になる50の方法』
『運が開ける接客術』
『運のいい人に好かれる50の方法』
『本番力を高める57の方法』
『運が開ける勉強法』
『バランス力のある人が、成功する。』
『ラスト3分に強くなる50の方法』
『逆転力を高める50の方法』
『最初の3年その他大勢から抜け出す50の方法』
『ドタン場に強くなる50の方法』
『アイデアが止まらなくなる50の方法』
『思い出した夢は、実現する。』
『メンタル力で逆転する50の方法』
『自分力を高めるヒント』
『なぜあの人はストレスに強いのか』
『面白くなければカッコよくない』
『たった一言で生まれ変わる』
『スピード自己実現』
『スピード開運術』
『スピード問題解決』
『スピード危機管理』
『一流の勉強術』
『スピード意識改革』
『お客様のファンになろう』
『20代自分らしく生きる45の方法』
『なぜあの人は問題解決がうまいのか』
『しびれるサービス』
『大人のスピード説得術』
『お客様に学ぶサービス勉強法』
『スピード人脈術』
『スピードサービス』
『スピード成功の方程式』
『スピードリーダーシップ』
『出会いにひとつのムダもない』
『なぜあの人は気がきくのか』
『お客様にしなければならない50のこと』
『大人になる前にしなければならない50のこと』
『なぜあの人はお客さんに好かれるのか』
『会社で教えてくれない50のこと』
『なぜあの人は時間を創り出せるのか』
『なぜあの人は運が強いのか』
『20代でしなければならない50のこと』
『なぜあの人はプレッシャーに強いのか』
『大学時代しなければならない50のこと』
『あなたに起こることはすべて正しい』

【きずな出版】
『生きる誘惑』
『しがみつかない大人になる63の方法』
『「理不尽」が多い人ほど、強くなる。』
『グズグズしない人の61の習慣』
『イライラしない人の63の習慣』
『悩まない人の63の習慣』
『いい女は「涙を背に流し、微笑みを抱く男」とつきあう。』
『ファーストクラスに乗る人の自己投資』
『いい女は「紳士」とつきあう。』
『ファーストクラスに乗る人の発想』
『いい女は「言いなりになりたい男」とつきあう。』
『ファーストクラスに乗る人の人間関係』
『いい女は「変身させてくれる男」とつきあう。』
『ファーストクラスに乗る人の人脈』
『ファーストクラスに乗る人のお金』
『ファーストクラスに乗る人のお金2』
『ファーストクラスに乗る人の仕事』
『ファーストクラスに乗る人の教育』
『ファーストクラスに乗る人の勉強』
『ファーストクラスに乗る人のノート』
『ギリギリセーーフ』

【PHP研究所】
『定年前に生まれ変わろう』
『なぜあの人は、しなやかで強いのか』
『メンタルが強くなる60のルーティン』
『なぜランチタイムに本を読む人は、成功するのか。』
『中学時代にガンバれる40の言葉』
『中学時代がハッピーになる30のこと』
『もう一度会いたくなる人の聞く力』
『仕事の極め方』
『14歳からの人生哲学』
『中学時代にしておく50のこと』
『受験生すぐにできる50のこと』
『高校受験すぐにできる40のこと』
『ほんのささいなことに、恋の幸せがある。』
『高校時代にしておく50のこと』
文庫『入社3年目までに勝負がつく77の法則』
『【図解】「できる人」のスピード整理術』
『【図解】「できる人」の時間活用ノート』

【大和書房】
文庫『今日から「印象美人」』
文庫『いい女のしぐさ』
文庫『美人は、片づけから。』
文庫『いい女の話し方』
文庫『「つらいな」と思ったとき読む本』
文庫『27歳からのいい女養成講座』
文庫『なぜか「HAPPY」な女性の習慣』
文庫『なぜか「美人」に見える女性の習慣』
文庫『いい女の教科書』
文庫『いい女恋愛塾』
文庫『「女を楽しませる」ことが男の最高の仕事。』

著者紹介

中谷彰宏（なかたに　あきひろ）

1959年、大阪府生まれ。早稲田大学第一文学部演劇科卒。博報堂に入社し、８年間のＣＭプランナーを経て、91年に独立し、株式会社中谷彰宏事務所を設立。人生論、ビジネス書から恋愛エッセイ、小説まで、多くのロングセラー、ベストセラーを送り出す。「中谷塾」を主宰し、全国でワークショップ、講演活動を行う。

【中谷彰宏公式サイト】https://an-web.com/

※本の感想など、どんなことでも、お手紙を楽しみにしています。
　他の人に読まれることはありません。**僕は、本気で読みます。**

中谷彰宏

〒135-8137　江東区豊洲5-6-52
株式会社ＰＨＰ研究所　ＰＨＰ文庫出版部気付
中谷彰宏　行

※食品、現金、切手等の同封は、ご遠慮ください（ＰＨＰ文庫出版部）。

中谷彰宏は、盲導犬育成事業に賛同し、この本の印税の一部を㈶日本盲導犬協会に寄付しています。

本書は、書き下ろし作品です。

PHP文庫　自己肯定感が一瞬で上がる63の方法
あの人はなぜメンタルが強いのか

2020年2月18日　第1版第1刷
2022年11月15日　第1版第2刷

著　者　中谷彰宏
発行者　永田貴之
発行所　株式会社PHP研究所
東京本部　〒135-8137　江東区豊洲5-6-52
ビジネス・教養出版部　☎03-3520-9617（編集）
普及部　☎03-3520-9630（販売）
京都本部　〒601-8411　京都市南区西九条北ノ内町11

PHP INTERFACE　https://www.php.co.jp/

組　版　株式会社PHPエディターズ・グループ
印刷所　株式会社光邦
製本所　東京美術紙工協業組合

© Akihiro Nakatani 2020 Printed in Japan
ISBN978-4-569-76996-7
※本書の無断複製（コピー・スキャン・デジタル化等）は著作権法で認められた場合を除き、禁じられています。また、本書を代行業者等に依頼してスキャンやデジタル化することは、いかなる場合でも認められておりません。
※落丁・乱丁本の場合は弊社制作管理部（☎03-3520-9626）へご連絡下さい。送料弊社負担にてお取り替えいたします。

PHP文庫

入社3年目までに勝負がつく77の法則

中谷彰宏 著

勝負は、入社3年目までにつくと知る。20代のうちについた差は一生取り戻せない――就職を控えた大学生と若手ビジネスマン必読の一冊。